공격 사회

공격 사회

제1판 제1쇄 발행일 2024년 2월 10일
제1판 제2쇄 발행일 2024년 8월 15일

글 _ 정주진
기획 _ 책도둑(박정훈, 박정식, 김민호)
디자인 _ 채홍디자인
펴낸이 _ 김은지
펴낸곳 _ 철수와영희
등록번호 _ 제319-2005-42호
주소 _ 서울시 마포구 월드컵로 65, 302호(망원동, 양경회관)
전화 _ 02) 332-0815
팩스 _ 02) 6003-1958
전자우편 _ chulsu815@hanmail.net

ISBN 979-11-7153-006-9 43330

철수와영희 출판사는 '어린이' 철수와 영희, '어른' 철수와 영희에게
도움 되는 책을 펴내기 위해 노력합니다.

공격

비난과 조롱에 익숙해지다

정주진 글

사회

철수와영희

우리 사회를 병들게 하는
공격은 왜 일어날까?

2019년 10월 포털 사이트 '다음'은 연예 뉴스 댓글창을 폐지했다. 몇 개월 후인 2020년 3월 '네이버'도 같은 조치를 취했다. 유독 악플러들의 공격 대상이 됐던 두 젊은 여성 연예인이 2019년 10월과 11월에 잇달아 자살한 이후였다. 지속적인 악플이 이들의 사망에 영향을 미쳤다는 사회적 공감대가 형성됐다. 주요 포털이 댓글창을 닫았지만 연예인을 공격하는 악성 댓글이 사라진 건 아니었다. 연예인의 사회관계망 계정, 유튜브 채널, 연예 뉴스 매체 홈피 등 마음만 먹으면 가서 공격할 곳은 많았다. 2020년 8월 네이버와 다음은 스포츠 뉴스 아래의 댓글창도 없앴다. 한 배구선수가 자살했는데 주요 원인이 악플러들의 공격이었다는 주장이 강하게 제기된 이후였다.

연예인이나 스포츠 스타는 가장 흔하게 공격을 받는 대상이다. 그들이 공격을 받는 가장 큰 이유는 여러 매체를 통해 대중에게 많이 노출되기 때문이고 항상 관심을 받기 때문이다. 흔히 개인적인 가십으로, 때로는 직업윤리나 고수익 직업인으로서 가져야 할 사회적 책임과 관련해 공격을 받기도 한다. 그런데 연예인이나 스포츠 스타만 공격을 받는 건 아니다. 그들에 대한 공격은 대표적인 사례로 공격에 익숙해진 한국 사회의 단면을 보여줄 뿐이다. 사실 모든 사람이 공격의 대상이 될 수 있다. 자신의 의지와 상관없이 사회적 이목을 끄는 사건에 관련됐을 때, 심지어 피해를 입었을 때도 공격의 대상이 된다.

한국 사회는 이 책의 제목처럼 '공격 사회'라 부를 수 있을 정도로 공격이 만연되어 있다. 공격을 표출하는 사람은 전체 인구 중 극소수고 가장 흔한 공격은 포털 사이트 댓글을 통한 것이다. 네이버가 공개한 통계에 따르면 2023년 6월 2주일 동안의 댓글 수는 하루 평균 약 30만 개였고 작성자 수는 평균 12만 명 수준이었다. 댓글을 다는 사람은 여성보다 남성이 많았고 남성 중에서도 40~50대가 압도적으로 많았다. 다음이 공개한 통계에 따르면 2022년 7월 다음 뉴스 이용자 중 하루에 댓글을 한 번이라도 단 사람은 전체의 2퍼센트 미만이었다.

댓글은 대부분 건전한 비판보다는 비난, 불만, 공격이 담긴 내용이다. 주로 부정적인 사회문제나 현상이 보도되고 사회적 관심을 끌기 때문일 것이다. 댓글은 또 특정 문제나 사람에 대한 지지와 반대, 공격과 방어의 싸움으로 이용되기도 한다. 댓글은 뉴스나 정보 이용자의 일부 또는 소수가 쓰기 때문에 여론이라 보기 힘들다. 하지만 그렇다고 전혀 여론과 상관없는 것도 아니어서 무시할 수 없다. 특정 문제나 인물에 관심이 높은 사람들의 의견 표출이기 때문이다. 그래서인지 정부가 나서서 댓글 작업을 한 사례도 있었다. 이명박 정부는 수년 동안 국가정보원, 국군 사이버사령부, 경찰 등을 이용해 정부와 여당을 지지하고 야당을 비난하고 공격하는 댓글 공작을 벌였다. 10년 뒤에는 댓글 공작으로 피해를 입었던 야당이 개입해 대선 운동 기간에 포털 뉴스 댓글의 공감·비공감 순위를 조작했다. 이 두 가지 사건은 온라인 댓글로 나타나는 공격을 일부 사람들의 일로 단순하게 취급하거나 그냥 무시할 수 없음을 보여주는 대표적인 사례다. 이 책의 여러 사례에서 온라인 댓글을 다룬 이유도 그래서다.

　댓글만 공격적인 건 아니다. 오프라인에서의 공격도 만만치 않다. 온라인 댓글과는 달리 얼굴을 드러내야 하는 오프라인 공격은 소수의 사람이나 집단에 의해 이뤄진다. 오프라인 공격의 가장 큰 특징은 정치적 공격과 개인적 이익 추구가 관련된 경우가 많다는 점이다. 돈이 거의 들어가지 않는 온라인 활동과는 다르게 오프라인 활동은 조직과 실행에 재정이 투입되어야 하는 일이기도 하다. 그러기에 얻을 이익이 없다면 하기 힘든 일이다. 그 이익은 자신 또는 소속 집단의 존재감 과시, 그리고 지지하는 정치 세력이나 인물의 성공 등이다. 물론 자신이나 소속 집단이 얻을 재정적 이익도 공격적 활동의 중요한 이유가 된다. 이런 오프라인 활동은 흔히 온라인의 유튜브 콘텐츠와 연결돼 공격에 이용된다. 유튜브 콘텐츠를 통한 공격의 경우 자기만족과 동시에 물질적 이익을 얻으려는 목적이 강하고 그래서 공격의 내용과 수위가 높다.

온라인이든 오프라인이든 왜 사람들은 특정 인물이나 집단을 공격하는 걸까? 공격이 아닌 이성적이고 정제된 방식으로 비판을 할 수는 없는 걸까? 그들은 그것을 사회참여라고 생각하는 걸까? 사회 변화를 위해 불가피하게 공격적이어야 한다고 생각하는 걸까? 그런데 공격성 댓글이나 오프라인 집회 등을 보면 이런 질문은 부질없는 것 같다. 대부분 자신의 신념이 옳다는 것을 주장하기 위해, 그리고 상대를 제거하기 위해 공격적인 댓글을 달고 행동을 하기 때문이다. 상대를 공격함으로써 우월감을 과시하고 자기만족을 얻기 위한 목적도 크다. 정말 문제를 지적하고 사회 변화를 원한다면 그것을 가능하게 하는 견해나 방법을 제시할 텐데 특정인이나 특정 집단을 공격하는 것 외에 그런 노력은 전혀 보이지 않는다. 온·오프라인을 막론하고 공격을 하는 사람 대다수가 자신의 분노, 적대감, 증오 등을 날것 그대로 내뱉는다. 이런 공격은 사회의 불공정과 부정의, 무책임한 정치, 사회적 차별 등에 대한 사회 구성원으로서의 정당한 분노 표출과 구별될 수밖에 없고 존중받을 수 없다.

무엇이 그런 공격을 가능하게 할까? 온라인 공격의 경우 가장 큰 이유는 '익명성'이다. 자신의 정체가 드러나지 않는다는 점을 이용해 많은 사람이 막말과 입에 담기 힘든 욕을 쏟아낸다. 그런데 그것만이 아니다. 자신이 사회의 주류 집단이나 상대적 강자 집단에 속해 있다는 확신과 자신감이 이유가 되기도 한다. 공격의 대상이 사회적 약자나 약자 집단일 때 특히 그렇다. 그런 경우 너무나 편하고 자유롭게 정제되지 않은 말과 태도로 그들을 공격한다. 마치 주류 사회에 속한 상대적 강자로서 경고와 교훈을 주려는 것처럼 말이다. 오프라인 시위에서의 공격 또한 상대적 강자로서 힘을 보여주고 경고를 하기 위한 목적인 경우가 많다. 자신들이 주류사회와 집단의 의견을 대변한다는 왜곡된 우월감과 자신감으로 피해자 집단을 공격한다. 또한 권력을 잡은 정치 세력과 입장이 같고 그곳의 지지를 받고 있음을 과시하기 위해 공격을 한다. 이렇게 힘에 의존하고 힘을 과시하려는 공격은 사회의 긍정적 변화가 아니라 자기 힘을 더 키우기 위해 상대적 약자를 제물로 삼는 치졸한 행동이다.

온·오프라인에서 공격을 하는 사람들이 소수에 불과하다 하더라도 그것이 미치는 영향은 막대하다. 피해자의 삶을 망가뜨리고 때로는 목숨을 앗아가기도 한다. 그렇다면 공격에 참여하지 않더라도, 또는 어쩌다 한 번만 공격적인 댓글을 단다고 할지라도 우리 각사가 공격을 빚는 사람에 대해 한 번쯤은 생각해봐야 하지 않을까? 우리 사회에서 노골적인 위협과 공격을 주요 전략으로 삼는 사람들이 피해자들과 약자들을 협박하는 일이 반복되는 데 대해서 한 번쯤은 따져봐야 하지 않을까? 사회 구성원 중 한 명으로서 비판이 아니라 공격이 의견 표출로 여겨지고 공격 사회가 고착되어가는 상황에 대해서 생각해봐야 하지 않을까? 이것이 이 책을 구상하게 만든 질문들이다.

이 책은 아홉 가지 주제를 다루고 있다. 목적은 각 주제에 대한 깊은 탐구나 심층 분석이 아니다. 주제와 관련해서는 사회 문제에 관심이 있다면 누구나 알 수 있는 정보에 조금 구체적인 내용을 더했을 뿐이다. 이 책의 주요 목적은 우리 사회를 병들게 하는, 때로는 뒤흔드는 공격에 대해 독자들과 함께 조금 다른 시각에서 접근하고 질문하고 함께 생각해보는 것이다. 독자들이 조금 시간을 내서 이런 과정에 참여해주기를 바라는 마음이다. 물론 필자가 쓴 것이니 당연하게 필자의 생각이나 주장이 곳곳에 들어가 있다. 그러나 그와 상관없이 독자들 스스로 새로운 질문과 주장을 해보고 새롭게 주제에 접근하는 경험을 해보기를 바란다. 독자들이 공격 참여자 또는 비참여자로서, 그도 아니면 방관자 내지 침묵하는 다수에 속한 사람으로서 중요하거나 관심이 집중되는 사회문제가 있을 때마다 공격이 등장하고 본질적인 문제는 흐려지는 상황에 대해 함께 생각해보기를 바란다. 자신이 생각하고 주장하는 '진실'과 '옳음'에 대해서도 다시 진지하게 생각해보는 기회를 가지기 바란다.

2024년 2월

일산에서 정주진

차례

1_____

장애인,
마침내 뉴스의 중심이 되다

지하철을
세우다?

2021년 12월 3일 오전 8시쯤이었다. 서울 지하철 5호선 여의도역에서 전동차가 10분 넘게 정차하고 있었다. 영등포경찰서 경비과장은 경고 방송을 했다. "많은 시민들이 생업을 위해 출근하셔야 합니다. 지하철 운행 방해 10분 경과됐습니다. 출근길 발목 잡히신 시민들 고충을 생각해주십시오." 지하철이 다음 역으로 가지 못하고 멈춰선 이유는 장애인들이 휠체어를 타고 지하철에 탑승하는 시위를 벌였기 때문이다. 서울교통공사는 오전 7시 46분부터 여의도역에서 공덕역 구간의 지하철 운행이 장애인 단체의 시위로 중단됐다가 8시 35분부터 재개됐다고 밝혔다. 지하철의 특성상 이로 인해 다른 곳에서도 연쇄적으로 지하철 운행이 지연됐다. 몇 분 차이로 지각 여부가 판가름 나는 출근 시간에 지하철이 50분이나 멈췄으니 이용자들은 크게 당황했다. 휠체어를 탄 장애인들에게 원망과 화가 섞인 시선을 보내는 이들도 있었다. 이날 뉴스는 대부분 '장애인 단체가 출근하는 시민들의 발목을 잡았다'는 데 초점이 맞춰졌다.

이날은 세계장애인의날이었고 시위를 이끈 건 전국장애인차별철폐연대(이하 전장연)였다. 전장연은 11월 12일 광화문역-여의도역 구간에서도 시위를 했다. 12월 3일 이전까지 2021년에만 11차례나 서울과 지방의 지하철역과 버스정류장에서 이동권 보장을 요구하는 시위를 했다. 12월 3일 이전까지의 시위는 주로 오후 2~5시 사이에 진행했다. 그래서인지 별로 관심을 받지 못했다. 그런데 12월 3일 출근길 시위에는 관심이 폭발했고 장애인이 뉴스의 중심이 되는 흔치 않은 일이 벌어졌다. '출근길 지하철을 세웠다'는 부정적 논조가 대부분이었지만 말이다.

12월 6일 전장연은 본격적으로 '출근길 지하철 탑니다'라는 시위를 시작했다. 시위는 서울 지하철 4호선 혜화역에서 이뤄졌고 출근 시간대에 휠체어를 탄 장애인들이 지하철에 탑승하고 내리는 방식으로 진행됐다. 이로 인해 지하철은 다시 수십 분 동안 지연됐다. 탑승 시위는 이후 2, 3, 5호선으로까지 확대됐다. 전장연은 2022년 한 해 수십 차례의 지하철 탑승 시위를 했다. 집중 시위 기간에는 매일 출근 시간대에 시위를 하기도 했다. 2023년에도 시위는 계속됐다.

전장연이 혜화역을 '출근길 지하철 탑니다' 시위의 첫 장소로 선택한 데는 이유가 있었다. 혜화역은 1999년 6월 28일 뇌병변 장애를 가진 서른 살의 이규식 씨가 장애인 야학에 다녀오다 휠체어 이동용 리프트에서 떨어지는 사고를 당했던 곳이다. 이 사고를 계기로 장애인 이동권에 대한 사회적 관심이 높아졌다. 이후 혜화역에는 엘리베이터가 생겼고 2번 출구 바닥에는 '장애인 이동권 요구 현장'이라는 동판이 만들어졌다. 그러나 변한 건 없었다. 이 사고 후 약 1년 7개월이 지난 2001년 1월 22일에 시흥시 오이도역에 설치된 휠체어 리프트가 떨어지는 사고가 발생했다. 이 사고로 3급 장애인인 70대 할머니가 숨졌다. 할머니는 설을 쇠기 위해 남편과 역귀성을 했고 큰아들 집에 가려고 2층에 있는 오이도역 역사로 올라가는 리프트를 탔다. 그런데 내리려는 순간 리프트의 철심이 끊어졌다. 할머니는 7미터 아래로 추락했고 병원으로 옮겨졌지만 결국 숨졌다. 이 사고 이후 장애인들은 본격적으로 '이동권'을 주장하는 목소리를 내기 시작했다. 전장연은 20년 넘게 장애인 이동권 투쟁이 계속됐지만 크게 달라진 점이 없어서 지하철 탑승 시위를 시작하게 됐다고 밝혔다.

전장연의 지하철 탑승 시위는 여러 가지 면에서 우리 사회

전장연이 혜화역을 '출근길 지하철 탑니다' 시위의 첫 장소로 선택한 데는 이유가 있었다. 혜화역은 1999년 6월 28일 뇌병변 장애를 가진 서른 살의 이규식 씨가 장애인 야학에 다녀오다 휠체어 이동용 리프트에서 떨어지는 사고를 당했던 곳이다. 이 사고를 계기로 장애인 이동권에 대한 사회적 관심이 높아졌다.

에 큰 반향을 일으켰다. 가장 큰 반향은 아마도 많은 사람이 처음으로 장애인의 존재를 인식하게 되었다는 점일 것이다. 평소에는 잘 볼 수 없었던 장애인들을 지하철에서, 그리고 뉴스를 통해 빈번하게 볼 수 있었으니 말이다. 우리 주변에서 그들이 잘 보이지 않는 건 이동이 불편해 잘 돌아다닐 수 없기 때문이라는 점도 어렴풋이 알게 됐다. 또 다른 점은 장애인도 지하철과 버스 등을 이용할 수 있고, 이용해야 한다는 점이었다. 장애인도 국민이고 대중교통은 모든 국민을 위한 것이니 당연하다. 그런데 지하철 탑승 시위에 대한 많은 보도의 초점은 장애인 시위로 수도권 주민의 발인 지하철이 멈추는 일이 반복되고 있다는 점에 맞춰졌다. 그리고 장애인들의 지하철 탑승 시위가 '정당한가'에 대한 논란이 이어졌다. 그런데 정말 장애인들이 지하철을 세운 것일까? 장애인들은 다른 사람들처럼 지하철을 타고 내리려고 했을 뿐이고, 그건 대다수가 매일 하는 일이고 매일 누리는 가장 평범한 권리 중 하나인데 말이다.

지하철을 세워야만 했나

전장연의 지하철 탑승 시위는 평소 장애인들이 대중교통을 이용하면서 겪는 불편을 알리는 데 큰 역할을 했다. 많은 사람이 장애인도 불편 없이 대중교통을 이용할 수 있어야 한다는 점에 동의했다. 그러나 시위 방식에 대해서는 문제가 있다고 생각하는 사람이 많았다. 더군다나 일회성 시위가 아니라 주기적으로, 그리고 집중 시위 기간에는 매일 출근 시간대에 하는 탑승 시위는 너무 심하고 정당하지 않다고 했다. 이런 의견은 여러 조사를 통해서 확인됐다.

2022년 7월 2일 〈한국일보〉의 18세 이상 남녀 929명을 대상으로 한 조사 결과 보도에 따르면 대다수 응답자가 전장연이 시위를 통해 요구한 장애인 이동권을 지지했다. 저상버스 도입에 대해서는 응답자의 88퍼센트가, 시외·광역·고속버스에 저상버스를 확대 운영하는 데 대해서는 85퍼센트가 지지한다고 답했다. 그런데 '전장연 시위에 공감한다'는 비율은 61퍼센트에 그쳤다. 구체적으로는 '아무리 옳은 주장이라도 다른 사람에게 피해를 주었으므로 절대로 이해할 수 없다'는 의견이 거의 50퍼센트였다. '불가피한 선택이다'라는 응답보다 21퍼센트나 높았다. 지하철 탑승 시위로 장애인에 대한 인식이 부정적으로 변했다는 응답도 35퍼센트로, 긍정적으로 변했다는 응답인 23퍼센트보다 훨씬 높았다. 약 42퍼센트는 인식에 변화가 없다고 답했다. '장애인 친구나 가족이 있다'는 응답자의 68퍼센트는 시위에 공감한다고 답했다. '장애인 지인이 없다'는 응답자가 56퍼센트의 공감을 표한 것보다 훨씬 높았다. 시위 때문에 부정적 인식으로 바뀌었다고 답한 비율도 장애인 친구나 가족이 있다고 답한 사람들은 그렇지 않은 사람보다 낮았다.*

2023년 5월 KBS의 〈시사기획 창〉이라는 프로그램이 성인 950명을 대상으로 한 여론조사에서도 비슷한 결과가 나왔다. 장애인 이동권 시위에는 응답자의 57퍼센트가 공감한다고 답했다. 그런데 시위 방식에 대해서 묻자 응답자의 56퍼센트가 '이해할 수 없다'고 답했다. 또한 지하철 탑승 시위를 계기로 장애인에 대한 인식이 변했는지를 묻는 질문에는 응답자의 40퍼센트가 부정적으로 변했다고 답했다. 긍정적으로 변했다는 응답은 25퍼센트에 불과했고, 변화하지 않았다는 응답자는 36퍼센트였다. 흥미로운 점은 우리 사회에서 장애인 차별이 얼마나 심각한지를 묻는 질문에 응답자의 57퍼센트가 '심각하다'고 답한 것이다. 또한 장애인이 대중교통을 이용하는 데 어려움이 있냐고 묻는 질문에 77퍼센트가 '그렇다'고 답했다.**

두 개의 조사를 통해 확인할 수 있는 점은 분명하다. 많은 사람이 장애인의 이동권 주장이 정당하고 장애인의 대중교통 이용이 불편하다는 점에는 동의하지만 지하철 탑승 시위에는 반대한다는 점이다. 반대하는 사람들은 자기 권리를 위해 출근 시간대에 시위를 하는 건 '집단 이기주의'라고 비난했다. 자기

---

* 「88%가 전장연 요구 지지, 시위는 61%만 공감」, 〈한국일보〉 2022년 7월 2일.
** 「'지하철 시위'를 바라보는 우리 사회의 두 시선」, 〈KBS 뉴스〉 2023년 5월 16일.

이익을 위해 다수에게 피해를 주는 건 정당하지 않다는 것이다. 물론 '불편하지만 오죽하면 그러겠냐'며 이해한다는 사람들도 있었다. 설문조사에서 드러난 사람들의 모순적 태도는 출근 시간대를 고려하면 한편으로 이해할 수 있지만 다른 한편으로 실망스럽기도 하다. 비슷한 어조의 언론 보도도 많았다. 이렇게 '출근 시간대'에 방점이 찍힌 의견을 고려한다면 지하철 탑승 시위는 시위 자체에만 초점을 맞춰 해석하는 게 적절치 않아 보인다. 인구 과밀이고 복잡한 서울시의 상황, 출근 시간에 민감할 수밖에 없는 직장인의 상황, 경쟁적인 사회 환경 등 여러 가지와 함께 생각해보는 게 타당할 수 있다.

많은 사람이 지하철 탑승 시위를 비난한 이유는 자신이 입을 직접적인 피해도 있겠지만 서울에서 지하철이라는 대중교통이 갖는 상징성 때문이었을 것이다. 지하철은 서울 주민뿐만 아니라 매일 서울을 오가는 수도권 주민들의 말 그대로 '발'이다. 멀리서 출퇴근하는 사람들에게는 거의 유일한 교통수단이기도 하다. 교통 체증이 심한 서울에서 가장 편리하고 시간 엄수를 보장해주는 교통수단이다. 이건 이용자에게 매우 익숙하고 중요한 점이다. 그런데 지하철 탑승 시위가 그런 편리함과 익숙함을 깨고 잠깐이지만 기능을 마비시키다시피 한 것이다. 이것은 곧 이용자에 대한 도전으로 받아들여졌다. 그런데 조금 다르게 생각해보자. 솔직히 운행 시간을 잘 지키는 지하철도 이런저런 사고로 멈추거나 늦어지는 경우가 비일비재하다. 그러니 장애인 탑승 시위로 인한 지연 운행이 아예 예외적인 상황은 아니다. 또한 전장연은 후에는 미리 시위를 공지했고 이에 따라 서울교통공사도 이용자와 정보를 공유했다. 그러니 마음만 먹으면 이용자들은 다른 교통수단을 이용하거나 출근 시간을 넉넉하게 잡을 수도 있었다.

　다른 점도 생각해볼 수 있다. 탑승 시위를 비난한 사람 중 대다수가 지하철 지연 운행으로 지각을 하게 된 상황에 분노했다. 그런데 사람들이 몇 분에 목을 매며 발을 동동 구르고 화를 내게 된 이유는 무엇일까? 근본적인 이유는 융통성 없고 때로는 가혹하기까지 한 직장 생활과 조직 문화 때문이었을 것이다. 다른 한편 서울이라는 복잡한 대도시에서 절대적으로 이용자에게 봉사하고 시간을 지켜주는 편리한 교통수단에 대한 익숙함, 그리고 그런 익숙함이 깨지면서 생긴 불안감 때문이었을 것이다. 이런 점을 본다면 전장연의 지하철 탑승 시위와 지연 운행에 비난이 높았던 건 단지 시위 때문만이 아니라 다른 환경적인 요인도 작용했을 것으로 짐작할 수 있다. 물론 전장연이 그런 대도시의 환경과 직장인의 현실을 고려했어야 한다고 주장할 수 있다. 그러나 자기 권리를 위해 절박하게 싸울 때 외부적인 환경과 조건까지 모두 고려하는 경우는 많지 않고 때로는 비난받을 것을 알면서도 감행한다. 그러니 지하철 탑승 시위에서 봐야 할 핵심은 장애인의 대중교통 이용이 매우 불편하고 이동권이 제대로 보장되지 않고 있다는 점이었다. 설문조사 응답자 대부분이 인정한 것처럼 말이다.

무엇이 비문명적인가

지하철 탑승 시위가 세간의 관심을 받게 된 이유는 결국 두 가지 때문이었다. 하나는 '출근 시간대 시위'라는 것이고, 다른 하나는 한 번에 많은 사람을 실어 나르는 '지하철'이라는 교통수단에서 이뤄졌다는 점이다. 이런 점 때문에 단번에 톱뉴스가 됐고 많은 사람이 한마디씩 거들고 찬반 의견을 표했다. 그중 가장 큰 논란을 일으킨 발언은 2022년 3월 28일 당시 국민의힘 대표였던 이준석이 한 말이다. 그는 "선량한 시민 최대 다수의 불편을 야기해서 뜻을 관철하겠다는 방식은 문명사회에서 받아들이기 어렵다"고 일갈했다. 또 전장연이 많은 사람에게 불행과 불편을 야기해야 본인들의 주장을 관철시킬 수 있다는 "비문명적 관점"으로 시위를 하고 있다고 했다. 그는 전장연의 시위가 문명사회에서는 있어서는 안 되는 시위라는 점, 그리고 전장연이 문명인이 가질 수 없는 생각을 지닌 집단이라는 점을 강조했다. 그는 전장연 시위를 정치적 목적을 띤 시위로 해석하기도 했다. 전장연이 대선 캠페인이 본격화된 때에 시위를 시작했고, 결국 새로 출범하는 정부에 무리한 요구를 하고 있다는 것이었다. 그런데 대선 캠페인 당시에는 누가 당선될지 알 수 없었고 국민의힘 후보는 결국 근소한 차로 당선됐기 때문에 이 주장은 억지에 가까웠다. 전장연은 이 전 대표가 지하철 탑승 시위를 '비문명적' 시위라고 한 이후 전장연에 대한 비난이 늘었다고 했다.

국어사전은 문명을 '사회의 여러 가지 기술적, 물질적 발전으로 인간 생활이 풍부하고 편리해진 상태'라고 설명하고 있다. 반대말은 '미개' 또는 '야만'이다. 그렇다면 문명사회란 무엇인가? 그것은 사회의 발전으로 사람들이 편리하고 이전보다 나은 삶을 누리는 사회다. 그럼 문명인이란 무엇인가? 국어사전은 문명인을 '세련되고 교양이 있으며 생활 수준이 높은 사람'이라고 설명하고 있다. 그렇지 않은 사람은 미개한 사람이다. 이런 문명인은 문명사회의 구성원이다. 높은 생활수준의 기준이 무엇인가에 대해 이견이 있을 수 있지만 어쨌든 문명인은 사회의 일반적 기준으로 봤을 때 세련되고 교양이 있는 사람이다. 문명인은 영어로는 'civilized person'인데 여기에도 세련되고 예의 바른 사람이라는 의미가 포함되어 있다. 국어사전의 뜻과 다르지 않다. 문명인은 문명사회를 유지하고 사회와 세계의 변화에 따라 더 나은 문명사회를 만들어가는 사람을 말한다.

그런데 이런 문명사회와 문명인이 장애인 탑승 시위와 무슨 관계가 있단 말인가? 이 전 대표가 '문명'을 언급한 이유는 한마디로 장애인 시위에 분노했기 때문이다. 그의 말을 통해서 보면 그는 이유를 불문하고 시위는 세련되고 예의 바른 방식으로 해야 하고 다른 사람들에게 '피해'를 주어서는 안 된다고 생각한다. 그것이 문명사회에 사는 문명인의 태도고 행동이다. 그런데 전장연의 지하철 탑승 시위는 그의 기준에 따르면 세련되지도 않고 다른 사람들을 배려하지도 않는 방식이라는 것이다. 그렇다면 문명사회와 문명인에 대해 조금 더 생각해보자. 사전적 의미대로 문명사회에서는 모두가 편리하고 만족스러운 삶을 누려야 한다. 그런데 한국 사회에서 장애인의 삶은 전혀 그렇지 않다. 그렇다면 한국 사회는 문명사회인가? 또 문명인은 어떤가? 문명인의 핵심은 세련되고 교양이 있으며 예의가 바른 것이다. 그런데 사회가 발전했음에도 여전히 장애인이 대중교통 이용에 불편을 겪고 장애인의 이동권이 보장되지 않는 상황을 방관하는 것이 세련되고 교양과 예의를 갖춘 문명인의 태도와 행동인가? 세련, 교양, 예의는 다른 사람에 대한 태도와 행동으로 평가되는 것인데 장애인에게는 그렇게 하지 않아도 문명인이 될 수 있단 말인가?

이 전 대표를 포함해 많은 사람이 전장연이 지하철 탑승 시위를 한 이유는 지하철이 많은 사람이 이용하는 교통수단이기 때문이라고 생각했다. 한마디로 많은 사람에게 불편을 끼쳐야 관심을 받을 수 있기 때문에 지하철을 선택했다는 것이다. 전장연이 그런 점을 예상했을 수도 있다. 그러나 근본적으로 시위의 목적은 장애인이 대중교통을 이용하기가 얼마나 불편한지를 보여주기 위함이었다. '대중교통'은 단어가 가지고 있는 의미처럼 대중이 이용하기 때문에 시위를 한다면 많은 사람이 불편해질 수밖에 없었다. 그리고 문제의 핵심은 그런 평범한 대중교통을 장애인은 여전히 이용하기 힘들다는 점이었다. 대중교통은 모두에게 열려 있다. 한국을 방문하는 외국인도 아무런 제약이 없이, 그리고 편리하게 이용할 수 있는 게 대중교통이다. 그런데 장애인에게만 그 편리가 적용되지 않는다면 심각한 사회문제고 차별이다. 전장연은 그런 불편하고 부당한 점을 지적하기 위해 문제가 있는 곳에서 시위를 했던 것이다. 지하철 탑승 시위는 사회적 약자이자 소수 집단인 장애인의 이동권리를 완전히 보장하지 않는 한국 사회가 오히려 문명사회가 아님을 보여줬다. 그리고 어떻게 해야 한국 사회가 진정한 문명사회가 될 수 있는지에 대한 답을 제시했다.

지하철 운행이 지연된 이유는 휠체어를 탄 여러 명의 장애인이 한꺼번에 지하철에 탑승하려고 했기 때문이다. 그런데 여러 사람이 무리를 지어 지하철에 탑승하는 건 흔히 있는 일이다. 남·녀·노·소를 불문하고 단체 활동이나 모임을 위해 여럿이서 지하철을 이용해 이동한다. 다만 이번에는 그 이용자가 휠체어를 탄 장애인이라는 사실만 달랐을 뿐이다. 물론 시위이기 때문에 탑승과 하차가 반복적으로 이뤄졌고 그에 따라 자연스럽지 않은 운행 지연이 발생했지만 말이다. 휠체어 탑승이 불편을 초래했다는 주장은 결국 휠체어를 탄 장애인들은 지하철을 이용해 단체로 이동하지 않아야 한다고 주장하는 것이나 다름이 없다. 비장애인들을 불편하게 만들면 안 되니까 말이다. 물론 휠체어를 탄 장애인들은 모임이나 활동을 위해 단체로 지하철을 이용하지는 않는다. 지하철이 그들에게는 여전히 불편한 교통수단이고, 그럴 경우 시위에서 드러났던 것처럼 다른 이용자들이 짜증을 낼 것을 너무 잘 알기 때문이다. 지하철 탑승 시위는 비장애인들에게 장애인들도 지하철을 이용할 수 있고 단체로 이동할 수도 있는데 다만 지금까지는 불편해서, 그리고 눈치를 보느라 자제했음을 보여주었다. 또한 비장애인들에게 지하철에 휠체어를 탄 장애인이 탑승할 수도 있음을 인식하도록 경험을 제공했다.

'불법' 시위는 인정할 수 없다?

서울의 한 대학교 총학생회와 서울 지역 대학의 인권연합동

이리가 2022년 9월 26일 전장연 대표를 초청해 강연회를 주최하려고 계획했다. 그러나 총학생회는 강연회를 돌연 취소했다. 공식적으로는 업무 진행의 미흡 때문이라고 했지만 반대 여론을 의식해 취소 결정을 내렸다는 주장이 제기됐다. 대학의 온라인 익명 커뮤니티에 지하철 탑승 시위를 불법이라고 비난하고 그 시위로 많은 학생이 시험이나 수업에 지각하는 등의 피해를 입었다는 글들이 올라왔기 때문이다. 일부 학생들은 온라인 커뮤니티 의견이 전체 의견을 대표할 수 없다며 취소 결정을 비판했다.

2022년 4월 25일 서울 혜화경찰서는 전장연의 박경석 대표를 피의자 신분으로 불러 2시간 45분 정도 조사했다. 서울교통공사가 수차례에 걸쳐 지하철 승하차를 반복하는 방식으로 열차 운행을 지연시켰다면서 박 대표를 포함한 전장연 관계자들을 전차교통방해, 업무방해 등의 혐의로 경찰에 고소했기 때문이다. 서울교통공사는 후에 전장연을 상대로 총 6억여 원의 손해배상 청구 소송도 제기했다. 서울경찰청장은 이날 기자 간담회에서 "장애인의 권리 표시도 중요하지만 출근 시간대 출근을 방해하는 행위는 부적절하고 선량한 시민의 권리를 침해한다는 측면에서 일정 부분 제한돼야 한다"고 말했다. 이 말은 언뜻 들으면 논리적인 것 같지만 따져보면 전혀 그렇지 않다. 우선 이 말은 다수 시민의 권리가 장애인의 권리보다 중요하다고 주장한다. 정말 그런가? 또한 장애인 탑승 시위의 의도가 시민들의 출근 방해라고 주장한다. 그런데 출근 지연은 의도하지 않은 시위의 결과다. 그럼에도 경찰의 결론은 전장연의 지하철 탑승 시위가 다수 시민의 권리를 침해하고 그렇기 때문에 불법이라는 것이었다. 서울시도 같은 논리로 전장연의 시위를 불법 시위로 규정했다. 2023년 1월 20일에 전장연이 지하철 4호선에서 시위를 재개하자 서울시는 모든 수단을 동원해 "불법 행위를 막겠다"는 강경 입장을 표명했다.

특정 집회나 시위를 부정할 때 흔히 등장하는 것이 '불법' 논리다. 공공기관도 일반 국민도 법을 위반한 집회나 시위를 통한 주장은 그것이 옳고 타당한 것이라도 사회적으로 인정될 수 없다고 말한다. 전장연을 비난한 대학생들, 서울경찰청, 서울시 모두 전장연의 지하철 탑승 시위를 집회 및 시위에 관한 법을 어긴 불법 시위라고 했고 그런 시위를 통한 전장연의 주장을 인정하지 않았다. 집회 및 시위에 관한 법률에는 옥외 집회와 시위의 경우 사전 신고를 요구하고, 신고 범위를 벗어나는 행위를 처벌하도록 되어 있다. 그런데 이 법은 옥내 집회 및 시위의 경우 신고 규정 자체를 두고 있지 않다. 그래서 전장연은 할 수 없이 옥외 집회 신고를 하고 실내에서 지하철 탑승 시위를 했다. 이를 불법이라고 주장하는 사람들은 지하철 탑승 시위와 관련해 법으로 정해진 내용이 없고 반면에 철도안전법 등을 위반한 내용은 있으므로 불법이라고 주장했다. 그러니 지하철 탑승 시위가 결국 집회 및 시위이므로 법에 따라 보장받아야 한다는 법 전문가들의 의견도 있었다. 그러므로 실외에서 이뤄지는 집회 및 시위만 가정한 법이 가진 공백 때문에 전장연 시위에 불법 딱지를 붙이는 건 합리적이지 않다고 지적했다. 또한 민주주의 사회에서 가장 중요한 권리 중 하나인 집회 및 시위 보장은 무시하고 시위를 막는 데만 집중하는 공공기관의 태도가 적절하지 않다고도 했다. 시위라는 것이 본래 소란스러운 것이기 때문에 지하철 운행 방해로 볼 수 없다는 견해도 제시했다. 이렇게 법적으로 다툼의 여지가 있고 무 자르듯 명쾌하게 설명할 수 없는 부분이 있었다. 그럼에도 불구하고 공공기관이 나서서 소수 약자 집단의 권리 충족보다 다수의 편의를 들어 불법 논리를 만드는 것이 적절한가?

이런 '불법' 주장과 관련해 보다 근본적인 의문이 든다. 우리는 법이 언급한 행동만 해야 하는가? 법이 언급하지 않은 행동은 절대 해서는 안 되나? 사실 법은 완벽하지 않다. 법은 사회 변화와 사람들의 요구에 따라 계속 개정되고 새로운 법이 제정된다. 또한 법이 언급하지 않은 것이라 해도 헌법에 근거해 적극적으로 해석하느냐, 소극적으로 해석하느냐에 따라 결론이 달라진다. 법은 지켜야 하지만 법이 미처 고려하지 못해 누락한 일까지 절대 하지 않아야 하는 건 아니다. 그렇게 되면 법이 인간의 자유 의지를 제한하는 사회가 된다. 이런 점에서 본다면 전장연의 지하철 탑승 시위를 '불법' 논란으로 몰아가고 비난하는 건 치졸한 일이었다. 문제의 핵심은 장애인의 이동권이 완전히 보장되지 않는 현실과 장애인들이 더는 못 참겠다며 시위를 했다는 사실이었는데 말이다. 전장연 대표는 "시민이 늦어지는 부분에 대해선 항상 사과하고 무거운 마음을 갖고 있지만 이 문제는 불법과 합법의 문제로 볼 게 아니다"라고 했다. 그의 말은 논란을 불러일으킬 여지가 있었다. 언뜻 들으면 불법이라는 것을 알면서도 시위를 했고 불법이어도 상관없다는 말로 들렸기 때문이다. 그런데 그의 말은 장애인들이 직면한 문제를 해결하기 위해 법이 규정하지 않은 방식의 시위를 할 수밖에 없었다는 얘기다. 실제로 법이 규정하지 않는 현실의 문제는 너무나 많다. 그런데도 법이 관심을 두지 않고 간과해서 권리를 보장받지 못하는 사회적 약자에게 법적인 잣대만, 그것도 협소하게 들이대는 건 오히려 합리적이지 않다.

차별받는 강자가 되다

전장연은 2023년 1월 19일 서울 남부터미널에서 고속·시외버스 휠체어 리프트 설치를 요구하는 시위를 했다. 장애인들은 충북 음성과 진천행 비스표를 예매해 승차를 시도했으나 버스에 오르지는 못했다. 시위를 막기 위해 250명의 경찰이 배치됐다. 전장연은 "휠체어 리프트가 설치된 고속버스는 서울과 당진을 오가는 2대뿐"이라며 "설날을 앞두고 불평등을 합리화하고 방관하는 한국 사회를 또 보고 있다"고 말했다. 고속버스와 시외버스에 휠체어 리프트가 없으니 자동차가 없는 장애인은 먼 곳으로 이동할 수 없다. 주변의 도움을 받거나 엄청난 요금을 내고 택시를 타지 않는다면 말이다. 이 놀라운 사실을 우리 사회의 많은 사람이 모르고 있다.

휠체어 탑승이 가능한 고속버스 운행은 2019년 시범사업으로 시작됐다. 당시 서울과 부산, 강릉, 전주, 당진을 오가는 4개 노선에 총 10대로 시작했지만 2년이 지난 후 대부분 사라졌다. 2023년 중반 현재 서울-당진 구간에 2대만 남아 있고 시외버스 노선은 하나도 없다. 휠체어 좌석 하나를 설치하려면 우등버스 기준 3개, 일반 고속버스 기준 6개 좌석 공간이 필요하다. 그런데 고속버스 회사들이 손실 때문에 있는 노선도 없애버린 것이다. 회사들은 손실에 대한 보상이 없으면 운영이 불가능하다고 말한다. 휠체어 좌석 설치가 법으로 강제되고 제도를 통해 지원이 이뤄져야 한다는 얘기다. 그런 법과 제도가 마련될 때까지 휠체어를 탄 장애인은 멀리 이동할 수가 없다.

전장연의 지하철 탑승 시위를 비난하는 정치인들과 국민들은 서울 지하철 94퍼센트에 엘리베이터가 설치되어 있고 이 수치는 다른 나라에 비해서 높은 수준이라고 주장한다. 그러나 장애인들은 100퍼센트 또는 그 이상이 아니면 이동권이 완전히 보장되지 않는다고 말한다. 결국 엘리베이터가 없는 지하철역은 이용할 수 없기 때문이다. 또한 노인, 어린이, 영·유아 등 거의 30퍼센트에 이르는 교통 약자들이 함께 엘리베이터를 이용하는데 거기에 더해 전동 휠체어까지 들어가기가 힘들기 때문이다. 엘리베이터가 없는 곳은 리프트로 이동해야 하는데 장애인들은 리프트에 대한 공포심이 있다. 안전장치가 완벽하지 않아 떨어지는 사고가 생기기 때문이다. 1999년 이후 2023년 초까지 수도권 지하철 휠체어 리프트 관련 사고는 17건이었고 그로 인해 장애인 5명이 목숨을 잃었다. 장애인에게는 지하철 환승도 도전적인 일이다. 환승 거리를 비교했을 때 비장애인은 평균 150미터를 이동하는데 휠체어를 탄 장애인은 평균 725미터를 이동한다. 상식적으로 몸이 불편한 사람이 이동을 덜해야 하지만 현실은 그와 반대다.

장애인 이동권 보장을 위해서는 저상버스 보급률도 중요하다. 2021년 말 현재 서울시의 저상버스 도입률은 56.4퍼센트로 숫자만 보면 낮지 않은 비율이다. 그러나 저상버스를 이용해야 하는 장애인에게는 '복불복' 상황이다. 운이 나쁘면 1시간 이상 저상버스를 기다려야 한다. 전국 기준으로는 저상버스가 30퍼센트 정도밖에 되지 않는다. 더 나은 이동 수단으로 장애인 콜택시가 있지만 그것도 편리하지만은 않다. 비교적 차량 수가 많은 서울의 경우에도 부르고 나서 30~40분은 기다려야 하기 때문이다. 지방은 일주일 전에 예약해야 하는 곳도 있다.

2023년 2월 2일 박경석 전장연 대표와 오세훈 서울시장이 마주 앉았다. 이 자리에서 서울시장은 "전장연이 굉장한 사회적 강자가 됐다"며 "우리 사회에 이 정도 사회적 강자는 없다"고 했다. 전장연이 별다른 처벌을 받지 않고 지하철 탑승 시위를 이어가고 있기 때문이라는 것이었다. 그러면서 시민 의견을 인용해 오히려 "서울 시민이 약자"라고 주장했다. 정말 그런가? 모든 사람이 이용하는 대중교통을 동등하게 이용하게 해달라고 시위를 하고, 저상버스와 장애인 콜택시를 타기 위해 추운 날에도 길에서 수십 분에서 한 시간씩 기다리고, 사고 위험을 무릅쓰며 리프트를 타고, 휠체어 탑승이 가능한 고속버스와 시외버스가 없어 멀리 이동할 수도 없는 사람들이 사회적 강자인가?

전장연은 2022년 출범한 새 정부에 장애인 예산 확충을 요구했다. 장애인 이동권 확보를 위해 2022년까지 모든 지하철역에 엘리베이터 설치, 2025년까지 저상버스 100퍼센트 설치, 마을버스 등 중형 저상버스 100퍼센트 도입, 장애인 콜택시 증차 등을 위한 예산 배정을 요구했다. 그러나 기획재정부는 응답하지 않았고 그 결과 일부분만 예산에 반영됐다. 2023년 장애인 이동권 예산은 2158억 원으로 책정됐다. 숫자로만 보면 적지 않은 금액이다. 그러나 이것은 전장연이 요구한 5287억 원의 약 40퍼센트에 해당하는 금액이었다. 이런 이유로 2023년에도 전장연은 시위를 계속했다. 물론 정부 예산이 특정 집단의 요구대로 다 책정되는 건 아니다. 그러나 장애인 이동권 확보 예산은 상황이 좀 다르다. 하나는 '교통약자의 이동편의 증진법'이 2005년에 제정된 후 20년 가까이 지났는데도 장애인의 안전하고 편리한 이동이 여전히 보장되지 않고 있다는 점이다. 다른 하나는 장애인의 이동권이 누구나 누려야 할 기본권에 속한다는 점이다. 그러니 이와 관련된 예산은 다른 예산에 우선해서 책정되어야 한다. 예산이 책정되어도 수년에 걸쳐 실행될 것이고 장애인들은 계속 기다려야 한다. 그런데 현실은 그런 기다림도 보장해주지 않는다. 장애인들은 이동권 보장을 위한 대중교통 확충이 잘 진행된다 해도 앞으로 20년은 더 기다려야 고속버스와 시외버스까지 자유로운 이용이 가능할 것이라고 말한다. 그런데 정부가 예산을 깎으면 더 늦어질 수밖에 없다고 말한다.

전장연의 요구는 무리한 게 아니다. 다른 선진국의 사례를 봐도 그렇다. 미국, 영국, 독일, 일본 등은 모두 법과 제도를 통해 우리 사회보다 훨씬 편리하게 장애인이 대중교통을 이용할 수 있게 하고 있다. 그러나 우리 사회는 여전히 장애인의 이동권 보장을 당연한 권리가 아니라 장애인에 대한 사회적 시혜로 본다. 그래도 과거보다 나은 상황이 된 데에 감사하고 사회에 여유가 생겨서 더 배려해줄 때까지 기다려야 한다고 주장한다. 재원이 부족한 사회적 상황을 인정해야 한다고 말한다. 그런데 왜 장애인만 대중교통에서 소외되어야 하는지 그것이 합당한 것인지에 대해서는 논리적으로 답을 하지 못한다. 논리적인 답이 없다는 건 사회가 여러 핑계를 대면서 당연한 것을 하지 않고 있다는 얘기다. 그러니 원칙대로 접근하고 장애가 대중교통 이용에 걸림돌이 되지 않게 하면 된다. 그래야 지금의 세계에서 한국 사회가 진정한 '문명사회'로 인정받을 수 있다.

2⎽⎽⎽⎽⎽

왜 피해자를 공격하는가

길에서
질식사하다

2022년 10월 29일은 토요일이었다. 10월 31일 할로윈데이를 이틀 앞둔 주말이어서 서울 용산구의 이태원 지역은 축제 분위기로 들떠 있었다. 해마다 많은 사람이 할로윈데이를 즐기기 위해 다양한 문화에 개방적인 이태원을 방문했다. 이날 이태원의 거리는 주말과 축제를 즐기려는 사람들로 가득 찼다. 2020년 시작된 코로나19 이후 처음 있는 대규모 할로윈데이 축제에 대한 높은 기대를 알 수 있었다. 그런데 오후 10시가 조금 넘은 시각 이태원의 해밀톤호텔 옆 작은 골목에서 상상을 초월한 비극적인 사고가 발생했다.

이 골목은 이태원역 1번 출구에서 이태원으로 들어가는 사람들과 반대편에 있는 중심가인 세계음식문화거리에서 이태원역 쪽으로 이동하는 사람들로 종일 북적였다. 사고 시각 몇 시간 전부터는 인파가 급증했고 시간이 지나면서 골목은 통행이 어려울 정도의 상황이 됐다. 그리곤 10시 15분쯤 대형 참사가 발생했다. 그 결과 치료를 받다 후에 사망한 사람까지 포함해 총 158명이 사망했고 196명이 부상을 당했다. 사망자 중에 외국인은 26명이었다. 후에 트라우마를 견디지 못하고 자살한 1명이 추가돼 사망자는 최종 159명이 됐다. 이들의 주요 사망 원인은 압박에 의한 질식, 복강 내 출혈, 다발성 장기부전 등으로 모두 압사한 것이었다. 경찰청 특별수사본부에 자문을 한 전문가는 사고 시각인 10시 전후로 골목에는 1제곱미터당 6~10명의 사람들이 있었고 한 사람이 평균 224~500kg의 힘을 받았을 것으로 추정했다. 이런 상황에서 다수가 10분 이상 저산소증을 겪다 질식으로 사망했을 것으로 판단했다. 이는 선채로 질식사한 사람들도 있었음을 짐작하게 했다.

서울 한복판에서, 그것도 2022년에 158명이나 되는 사람이 압사했다는 건 믿을 수 없는 일이었다. 더 믿을 수 없는 건 당일 많은 인파가 몰릴 것이 예상됐고, 사고 발생 몇 시간 전부터 실제로 해당 골목과 주변에 인파가 몰려 위험한 상황이 눈으로 확인됐음에도 사고를 막지 못했다는 점이었다.

2023년 1월 경찰이 공개한 CCTV 영상을 보면 사고가 발생한 골목에는 이미 오후 5시부터 인파가 몰리기 시작했다. 그리고 사고 발생 약 2시간 전부터 골목과 연결된 세계음식문화거리는 극심한 인파 밀집으로 통행이 불가능한 상황이었다. 그런데 이런 상황을 전혀 알 수 없었던 사람들은 계속 이태원역에서 사고 골목을 통해 세계음식문화거리로 가려고 이동하고 있었다. 경찰의 사고 조사 발표에 따르면 오후 5시부터 이태원역에는 평소보다 4배 많은 인원이 하차하기 시작했고, 6시부터 10시 사이에는 매 시각 약 1만 명이 하차했다. 그중 많은 수가 사고 골목으로 이동했다. 인파는 오후 8시 30분에 최고조에 이르렀고 골목은 통행이 어려운 지경이 됐다. 이때부터 사람들이 자의가 아닌 인파에 떠밀려 움직이는 '군중 유체화' 현상이 반복적으로 발생했고 위험한 상황이 연출됐다. 오후 10시부터 사고 발생 직전인 오후 10시 13분쯤까지 내리막길을 통해 인파가 떠밀려 내려왔다. 10시 15분쯤에는 세계음식문화거리의 밀집 군중이 갑자기 빠른 속도로 떠밀려와 사고 지점에서 동시다발적으로 넘어졌다. 뒤따르던 사람들도 순차적으로 넘어졌다. 하지만 이 상황을 모른 채 사람들은 계속 골목으로 진입했고, 그 결과 약 10미터에 걸쳐 수백 명이 겹겹이 쌓이고 압사하는 사고가 발생했다.

골목 상황의 위험성을 눈으로 확인한 시민들은 사고가 있기 몇 시간 전부터 경찰에 신고 전화를 했다. 첫 번째 신고 전화는 오후 6시 34분에 있었다. 신고자는 상황을 상세히 설명했고 "이태원역에서 올라오는 사람들과 골목에서 나오는 사람들이 엉켜서 잘못하다 압사당할 것 같다"고 말했다. 그 후부터 사고 직전 시각까지 계속 신고 전화가 있었다. 후에 경찰이 정리한 사고 직전까지 11건의 신고 전화에서 신고자들은 한결같이 "압사당할 것 같다", "위험하다", "경찰 통제 부탁한다" 등의 얘기를 했다. 그러나 경찰은 시민 보호를 위한 조치를 전혀 취하지 않았다. 상황이 심각해졌던 오후 9시 이후의 신고 전화에도 경찰은 두 차례만 출동을 했다. 상황이 악화되고 있던 시각에 시민들이 반복적으로 경찰에 '위험 상황'임을 경고했고 '통제'를 요청했으나 경찰이 전혀 대응하지 않았던 것이다. 경찰이 상황을 제대로 파악하고 출동해서 인파를 관리했다면 참사는 발생하지 않았을 것이다. 그러나 골목 안에 있던 사람들은 경찰의 도움을 전혀 받지 못했고 그중 158명이 서울 한복판 길 위에서 목숨을 잃었다.

사고 현장에 경찰이 도착한 건 10시 32분이었고, 소방대는 10시 37분에 도착해 구조를 개시했다. 사고 현장에 너무 많은 사람이 끼어 있어서 경찰, 소방대, 민간인 할 것 없이 모두 달려들어 일일이 사람들을 끌어냈다. 한 사람이라도 살리기 위해 도로에서 심폐소생술이 실시됐다. 하지만 많은 사람이 깨어나지 못한 채 세상을 떠났다.

"그런 데를
왜 가고 그래"

이태원 참사 사망자 총 159명 중 여성은 102명, 남성은 57명
이었다. 전문가들은 압사 사고였기 때문에 상대적으로 작고 힘
이 없는 여성이 더 많은 피해를 봤을 것으로 추측했다. 연령대
별 사망자는 10대가 13명, 20대가 106명, 30대가 30명, 40대가
9명, 50대가 1명이었다. 대다수가 자신이 원하는 미래를 위해
열심히 일하고 공부하며 살던, 그리고 살아온 날보다 살아갈
날이 더 남았고 많은 사람으로부터 사랑을 받던 젊은이들이었
다. 이 점이 사람들을 몹시 슬프게 만들었다. 사회 전체가 원하
는 삶을 제대로 살아보지도, 꿈을 펼쳐보지도 못한 채 너무 일
찍 세상을 떠난, 그것도 너무나 어이가 없는 참사로 길 위에서
생을 마감한 피해자들을 애도했다.

그러나 예상치 못한 일이 벌어졌다. 피해자들이 그날, 그 장
소에 있었던 것을 비난하는 사람들이 생기기 시작한 것이다.
그들은 피해자들이 할로윈데이라는 외국 축제를 핑계로 흥청
망청 놀다가 사고를 당했다고 주장했다. "그러니까 그런 데를
왜 가고 그래", "할로윈축제를 잘못 배워서는… 쯧쯧", "밤늦게
클럽 같은 데나 놀러 다니고 그러더니…" 같은 차마 입에 담기
도 어려운 댓글로 피해자들을 조롱하고 공격했다. 그들은 피해

자들이 스스로 잘못해 사고를 당했다고 주장했다. 또 '놀러 갔다 사망'했는데 왜 정부가 피해자들의 치료와 장례 등을 지원해야 하느냐고 했다. 여성 사망자가 더 많았던 점을 트집 잡으면서 '여자들이 늦게까지 술 마시고 놀러 다니다 그렇게 됐다'며 여성 혐오를 드러내기도 했다. 심지어 피해자들을 성적으로 조롱한 사람들도 있었다. 경찰은 참사 직후 며칠 동안 여성 피해자와 관련해 음란한 글을 올리고 성적으로 조롱한 남성 3명을 체포해 재판에 넘기기도 했다.

이렇게 피해자들을 공격하고 혐오하는 말은 결국 생존자 한 명의 목숨을 빼앗았다. 2022년 12월 13일 고등학생 A 군이 마포구의 한 숙박업소에서 숨진 채 발견됐다. A 군은 이태원 참사 생존자로 가장 친했던 두 친구와 사고 당일 이태원에 갔다. '밤 10시 반까지 집에 오라'는 부모님의 당부에 지하철을 타러 가다 사고 골목에서 인파에 갇혀 친구들의 마지막을 바로 옆에서 목격했다. A 군은 의식을 잃기 전 구조됐지만 몸의 근육세포들이 파열돼 입원 치료를 받았고 정신적 충격으로 힘들어했다. A 군은 심리 상담도 받고 학교도 다니면서 어떻게든 일상으로 돌아가려고 애썼지만 악성 댓글에 무너져버렸다. 보도에 따르면 어머니는 A 군이 죽기 얼마 전에 부모님에게 울부짖으며 분노의 심정을 털어놓았다고 전했다. "연예인 보려고 놀러가서 그렇게 다치고 죽은 거 아니냐"는 친구들을 모욕하는 댓글들을 견디기 힘들다고 했다는 것이다. A 군의 휴대전화에는 "곧 친구들을 보러 가겠다"는 메모와 날짜까지 적혀 있었다. 어머니는 A 군이 자기만 살아남아 미안한 마음이 컸는데 "댓글들을 보고 무너졌던 것 같다"고 했다.

피해자를 공격하고 조롱하고 혐오하는 댓글은 크게 두 종류였다. 하나는 '놀러 갔다가 그렇게 됐다'는 것이었고, 다른 하나는 '그러니 피해자들이 잘못했고 목숨을 잃었어도 할 말이 없다'는 것이었다. 이것은 전혀 논리적이지 않고 설득력도 없는 말이었다. 어느 곳에 놀러 가든 구경을 하러 가든 그것은 타인이 왈가왈부할 문제가 아니다. 더군다나 이태원은 금지된 지역이 아니라 서울의 평범한 동네 중 하나고 사고가 난 곳은 미리 조심해야 할 위험한 곳도 아니었다. 그럼에도 이들은 억지 주장을 하고 공격과 혐오의 말을 뱉으면서 피해자들을 욕보이고 생존자들에게 고통을 줬다.

급기야 공격과 혐오는 유가족들을 향하기 시작했다. 이태원 참사 발생 42일 만인 2022년 12월 10일 유가족협의회가 공식적으로 출범했다. 정부에 철저한 진실 규명과 책임을 촉구하기 위해서였다. 또한 피해자들의 명예를 회복하고 온전하게 추모를 하기 위해서였다. 협의회에는 참사로 목숨을 잃은 97명의 유가족 170명이 참여했다. 12월 14일 유가족들은 녹사평역에 희생자들의 사진을 놓은 시민분향소를 설치했다. 그동안 정부가 만든 분향소에는 사진이 놓여 있지 않아서 진정한 추모를 하지 못하게 한다는 비판이 있었다.

유기족들이 목소리를 내고 시민분향소를 차리자 피해자와 유가족을 공격하는 댓글과 행동이 더욱 노골화되고 확산됐다. 온라인 커뮤니티 이용자들은 신상 정보 유출과 성희롱 등을 일삼고 "왜 애도해야 하나", "왜 외국 축제를 즐기나"와 같은 말로 피해자들을 비난했다. 또한 사고가 마약과 관련이 있다거나 사전 계획이 있었다는 등의 황당한 가짜 뉴스도 퍼뜨렸다. 이들은 수단 방법을 가리지 않고 피해자와 유족을 공격하고 조롱했다. 보수 단체들은 시민분향소 입구에 모욕적인 말과 정치 구호를 담은 현수막을 걸고 추모를 방해했다. 일부 극우 유튜버들은 종일 시민분향소와 유가족협의회 텐트를 촬영했고 입에 담지 못할 말들로 유가족을 공격했다. 그들은 조롱과 혐오의 내용으로 영상물을 만들었고 거기에는 피해자들과 유가족을 욕하는 수많은 댓글이 달렸다. 여당 정치인들도 공격과 비난에 가세했다. 이들은 유가족들이 자식을 막지 못한 자기 잘못을 정부에게 떠넘기고 배상금과 보상금을 챙기려 한다고 비난했다. 유족은 한 번도 배상금과 보상금을 언급한 적이 없음에도 말이다. 일부 온라인 커뮤니티 회원들, 유튜버들, 극우 단체들, 극우 정치인들은 피해자와 유가족을 정부에 부당한 요구를 하고 자기 이익을 위해 정부를 위협하는 '불순한' 세력으로 몰아

피해자를 공격하고 조롱하고 혐오하는 댓글은 크게 두 종류였다. 하나는 '놀러 갔다가 그렇게 됐다'는 것이었고, 다른 하나는 '그러니 피해자들이 잘못했고 목숨을 잃었어도 할 말이 없다'는 것이었다. 이것은 전혀 논리적이지 않고 설득력도 없는 말이었다. 그럼에도 이들은 억지 주장을 하고 공격과 혐오의 말을 뱉으면서 피해자들을 욕보이고 생존자들에게 고통을 줬다.

가기 시작했다.

공공의 적으로
만들다

이태원 참사는 인재였다. 충분히 막을 수 있었던 사고였다. 사고가 일어난 곳은 지하철역과 이태원의 중심 도로를 연결하는 평범한 골목이었다. 할로윈 축제 전 주말이어서 이태원에 많은 사람이 몰릴 것을 언론도 경찰도 모두 예상하고 있었다. 2023년 5월 열린 재판에서 용산경찰서 정보관은 이태원 참사 사흘 전인 10월 26일 「'이태원 할로윈 축제' 공공안녕 위험 분석」이란 보고서를 만들었다고 증언했다. 그는 코로나19 방역 해제 이후 열리는 첫 축제라 "많은 인파가 운집될 것으로 예상"한다고 썼다. 그러나 이 보고서는 집회 및 시위 관리를 더 중요하게 생각한 상급자에 의해 무시됐다.

사고 시각 몇 시간 전부터 경찰에는 신고 전화가 잇달았다. 그때 잘 대응하기만 했어도 참사를 막을 수 있었다. 이런 이유로 이태원 참사 직후 가장 많은 공격을 받은 건 경찰이었다. 이것은 관련 보도에 대한 댓글 통계를 통해서도 확인됐다. 경찰은 사고가 예견되는 상황이었음에도 충분한 경찰력 배치, 도로 통제, 인파 분산 등과 같은 매우 상식적이고 기초적인 조치조차 취하지 않았다. 국민의 안전을 책임져야 할 경찰 본연의 임무를 수행하지 않은 것이었다. 용산구청과 서울시의 대응 또한 비판을 받았다. 둘 다 많은 인파가 예상됐음에도 관리 계획을 전혀 세우지 않았고 문제가 발생한 후에도 신속하게 대응하지 않았다.

사고 후 정부의 대응 또한 매우 부적절했다. 많은 국민이 정부의 신속하지 못한 대응과 책임 회피, 애도 분위기를 약화하려는 시도 등에 대해 불만을 표했다. 사고 10여 일 후에 이뤄진 여론조사들에 따르면 정부 대응에 대한 비판 여론은 모두 70퍼센트에 달했고 '책임 회피'와 '늑장 대응' 등이 문제로 지적됐다. 많은 사람이 경찰과 서울시, 용산구청 등 지자체에 가장 큰 책임이 있다고 응답했으나 국민 안전에 대한 최종 책임은 결국 정부에 있다는 점을 지적했다. 경찰을 총괄하는 건 행정안전부고, 행정안전부를 총괄하는 건 정부니 당연하고 논리적인 지적이었다. 실제 대응을 보면 대통령실, 행정안전부, 경찰 지휘부는 참사 직후 제대로 보고를 받지도 대응을 하지도 않았다. 행정안전부 중앙재난안전상황실은 오후 10시 48분에, 대통령실 국정상황실은 오후 10시 53분에 참사를 최초 보고받았다. 참사 후 45분 동안 재난 대응 최고 책임기관인 대통령실과 행정안전부는 보이지도 않았다. 국가인권위원회는 2023년 5월 발간한 「2022 국가인권위원회 인권상황보고서」를 통해 "이태원 참사와 관련해 재난관리 책임기관이 안전관리 대책을 세우지 않았고 신고가 접수된 후에도 신속한 조치가 이뤄지지 않는 등 사고 예방이 제대로 이뤄지지 않았다"고 평가했다. 특히 "정부는 예견된 위험에 적절히 대응하지 못해 국민을 보호하지 못한 국가의 책임을 분명히 인정해 참사 희생자와 유가족을 존중하는 방식으로 애도하는 것이 필요하다"고 했다.

정부의 책임을 묻고 철저한 진상 규명을 요구하는 건 지극히 상식적인 일이었고, 그런 점에서 이태원 참사는 공적으로 다뤄져야 할 문제였다. 유가족들이 이런 문제를 제기하는 건 당연했다. 그런데 정부의 책임을 묻고 행정안전부와 경찰의 부적절한 대응과 책임 회피를 지적하자 유가족에 대한 비난과 혐오가 극에 달했다. 특히 정부를 지지하는 보수 단체와 유튜버들의 공격은 노골적이었다. 그들은 유가족을 공격함으로써 참사 그리고 관련된 문제의 프레임을, 다시 말해 내용과 설명 방식을 바꾸려고 시도했다.

프레임 바꾸기 시도는 크게 두 가지 형태로 이뤄졌다. 그것이 얼마나 구체적인 계획과 인지적 토대 위에서 시도됐는지는 알 수 없으나 유가족을 공격한 사람들의 주장과 공격 내용을 통해 분명한 프레임 바꾸기 시도가 있었음을 알 수 있었다. 첫 번째로 그들은 유가족이 사적인 문제를 공적인 문제로 변질시켜 정부를 공격한다는 프레임 바꾸기를 시도했다. 정부를 공격함으로써 사고 장소에 산 피해사들과 밀리지 않은 자신들의 책임을 벗으려 한다는 것이었다. 상식적이지도 논리적이지도 않았고, 사회적으로도 용인되기 힘든 윤리적 문제를 가진 주장이었다. 두 번째로 유가족의 잘못된 문제 제기는 정부를 향한 것이므로 심각한 정치적, 공적 사안으로 취급해야 한다고 프레임 바꾸기를 시도했다. 유가족들이 정치적 의도를 가지고 정부를 공격하고 있으므로 모든 수단과 방법을 동원해 이를 저지하려는 자신들의 공격은 정당하다는 것이었다. 이것은 열린 민주주의 사회에서 보장되는 정부에 대한 문제 제기와 비판, 집회, 소송 등을 부인하는 것이었지만 그들은 자신들의 정치적 목적을 위해 그런 기본적인 권리와 가치를 무시했다.

그들이 유가족을 공격과 혐오의 대상으로 삼은 또 다른 이유는 유가족들이 피해를 핑계로 정부로부터 많은 보상금과 배상금을 얻어내려 한다는 것이었다. 유가족은 보상금과 배상금을 언급한 적이 없고 유가족협의회가 결성되자 오히려 정부가 먼저 보상금과 배상금을 언급했다. 그것은 진상 규명을 원하는 유가족의 진의를 왜곡한 정부의 경솔한 언급이었다. 과거의 사례를 봤을 때 정부의 그런 언급은 피해자와 유가족에 대해 공격할 빌미를 제공하는 위험한 일이었다. 아니나 다를까 보수 단체들, 특히 정부를 지지하는 사람들은 노골적으로 유가족을 공격하기 시작했다. 그들은 유가족의 문제 제기를 많은 보상금과 배상금을 받아내려는 시도로 왜곡했다. 유가족을 '자식을 팔아 돈을 챙기는' 인면수심의 사람들, 자기 이익을 위해 정부를 공격하고 세금을 담내는 사람들, 즉 '공공의 적'으로 취급했다. 그들은 자신들의 폭력적 언행을 그런 공공의 적으로부터 공공의 이익을 지키는 '정의로운' 행위로 포장했다.

공적 사안을 사적 사안으로 바꾸려던 그들의 시도는 정당했을까? 그들의 공격과 혐오감 표출은 표현의 자유로 인정될 수 있는 것이었을까? 문제가 있었더라도 그들이 '공공의 이익'을 위해서라고 주장했으므로 정상 참작을 해야 했을까? 이와 관련해서는 최소한 두 가지를 생각해봐야 한다. 하나는 그들의 프레임 바꾸기 시도, 그리고 공격이 사회적으로 수용되는 일반적인 상식과 사실에 근거하고 있는가이고, 다른 하나는 공적인 문제 제기가 타인의 권리를 존중하는 방식이었느냐는 것이다. 결론적으로 둘 다 아니었다. 그들의 주장은 사실에 기반하지 않았고 언행은 사회적으로 수용되지 않는 타인에 대한 폭력, 권리 침해, 모함이었다. 그렇다면 그들의 '부당하고 비윤리적인 프레임 바꾸기는 성공했나?'라는 의문이 들지만 사실 그건 중요하지 않다. 주목하고 심각하게 여겨야 할 점은 피해자에 대한 공격과 혐오가 공개적으로 표출됐고 사회가 그것을 막지 못했다는 점이다. 그리고 다수가 아닐지라도 사회 구성원 중 상당수가, 그리고 일부 정치인들이 그런 공격과 혐오를 자

신의 사회관계망에 퍼다 나르면서 농의와 시시를 표했다는 짐
이다.

자기 이익을
취하다

이태원 참사 피해자와 유가족을 조롱하고 공격하고 혐오감
을 표출한 사람들은 두 부류로 구분할 수 있다. 한 부류는 피해
자가 그날 사고 장소에 간 것을 마치 잘못된 일을 한 것처럼 비
난한 사람들이다. 그들은 아예 아무 말도 할 수 없는 사망자들
의 상황, 그리고 정신적·신체적 충격과 후유증에 시달리던 부
상자들의 취약한 상황을 빌미로 피해자들을 맘껏 조롱하고 공
격했다. 그들의 관심은 사실 사고의 원인이나 경위가 아니라
어렵고 힘든 상황에 빠진 사람을 공격하는 것이었다. 그들은
다른 사고가 있었더라도 억지 주장과 어불성설로 피해자를 공
격했을 것이다. 그렇게 함으로써 그들이 얻는 건 무엇이었을
까? 그것은 자기만족과 우월감이다. 누군가를 공격함으로서
자신이 그럴 힘이 있음을 보여주려 한 것이다. 조롱하고 공격
한 사람들의 상황 하나하나를 알 수는 없다. 그러나 한 가지 분
명한 건 그것이 그 사람의 삶을 더 나아지게 하는 것과는 아무
상관이 없다는 점이다. 어려움에 처한 사람을 공격하는 데 열

심인 상황이라면, 그리고 그것을 통해 쾌감을 느끼는 정도라면 그 삶이 얼마나 불안하고 삶의 질이 얼마나 낮을지 가늠할 수 있다. 그런 폭력적인 행위는 결국 자신의 인간성과 도덕성을 포기하는 자기 파괴적인 행위지만 그들은 그런 심각한 문제를 외면하거나 인식하지 못한다.

또 다른 부류는 유가족협의회가 발족한 후 조직적이고 치밀한 방식으로 피해자와 유가족 공격에 나섰던 사람들이다. 그들은 이태원 참사를 정치 문제로 바꾸고자 했다. 특히 유가족의 진상 규명 요구를 정부에 반대하는 불순하고 부당한 요구라고 주장했다. 그들은 보수 단체 회원들과 극우 유튜버들로 정치적 구호가 담긴 플래카드 설치, 정치 집회, 유가족에 대한 폭언과 조롱, 분향소 방문 방해, 유가족 텐트와 분향소 감시, 영상 촬영, 영상 배포 등을 통해 유가족을 괴롭혔다. 그들에게는 두 가지 목표가 있었는데 하나는 정부를 옹호하고 보호하는 것이었다. 그들은 정부가 억울하게 유가족으로부터 비난을 받는다고 주장했고 자신들 같은 지지자들이 정부를 지켜줘야 한다고 생각했다. 다른 하나는 정치적, 물질적 이익을 얻는 것이었다. 보수 단체들은 자신의 존재감을 드러내고 정부와 여당의 관심을 받으려고 했다. 이것은 정치단체로서 생존하고 세를 키우기 위해 아주 중요한 일이었다. 극우 유튜버들에게는 물질적 이익이 중요한 목표 중 하나였고 유가족을 공격하는 영상을 올려 그

목표를 달성했다.

한 유튜브 채널에 2022년 12월 19일 이태원 참사 시민분향소에서 벌어진 일을 찍은 영상이 올라왔다. 한 여성이 유가족을 향해 "니네 집 앞에 가서 ××팔이 해서 살어!"라는 폭언을 했다. 이를 들은 유가족이 비명을 지르면서 실신하자 여성은 더 심한 폭언을 쏟아냈다. "요것들이 세월호에 재미 봐가지고… 대통령이 인간답게 대해주니까 이것들이 상투 끝까지 올라서려고 ××이야!"라고 소리쳤다. 영상에는 유가족을 조롱하는 설명도 붙어 있었다. 이날 유가족 두 명이 쓰러져 병원으로 이송됐다. 이 영상은 보수 단체의 텔레그램 대화방, 온라인 커뮤니티, 페이스북, 트위터 등을 통해 유통됐고 곧 200만 회가 넘는 조회 수를 올렸다. 영상이 게재된 채널은 일주일 사이 구독자가 수천 명이 늘었고 조회 수가 폭발적으로 증가했다. 겨우 2만 원 정도였던 수익은 하루 만에 400만 원 이상 증가했다. 이후로도 이 채널은 유가족에 대한 조롱과 혐오 영상을 올리면서 높은 조회 수를 이어갔다.[*]

공격을 통해, 그리고 프레임 바꾸기를 통해 그들이 궁극적으로 얻은 것은 무엇일까? 그들은 피해자를 조롱하고 유가족을 공격함으로써 정부를 보호하고 그들의 기준에 맞는 '사회정의'

---

[*] 「이태원 참사 유가족 실신시킨 폭언, 어디서 시작됐나 : 그날 이태원 참사 시민분향소에서 있었던 일」, 〈민중의소리〉 2022년 1월 29일.

를 이뤘을까? 결론적으로 그러지는 못했다. 그들은 큰 목소리와 혐오 발언으로 사회적 관심은 끌었지만 높은 지지를 받지는 못했으니 말이다.

정치단체가 정부나 여당 지지를 선택하는 건 문제가 되지 않고 오히려 자연스러운 일이다. 그러나 지지를 정당화하기 위해 폭력적인 언행을 일삼고, 혐오를 부추기며, 가짜 뉴스까지 동원하는 건 문제가 된다. 유튜브 운영자의 경우 그들의 최초 유튜브 영상 게재와 이익 증가는 우연한 계기로 생겼을 수 있다. 그런데 그들은 수익을 높이기 위해 계속 비슷한 영상을 게재하고 유가족을 공격했다. 이런 행동에는 그들의 주장과는 다르게 사회정의는 애초 없었다. 사회정의는 보편적 상식에 근거해야 하고 사회 구성원이 보편적 윤리에 근거해 인정하는 것이어야 한다. 그러나 그들의 사회정의는 자신의 정치적 신념과 자신이 지지하는 정당 및 정치 지도자를 옹호하기 위한 핑계에 지나지 않았다. 또한 그들은 이태원 참사, 그리고 피해자와 유가족을 이용해 존재감을 과시하고 수익을 높이려는 사적인 욕심을 공공 사안으로 포장했다. 교묘한 왜곡을 통해 사적인 이익을 취한 것이다. 애초 정부 보호나 사회정의 같은 건 그들의 궁극적인 목표가 아니었을지도 모르겠다. 속속들이 알 수는 없지만 드러난 정황으로 볼 때 그들의 궁극적인 목표는 정치단체로서, 그리고 유튜브 채널 운영자로서 철저하게 자기 이익을 취하는 것, 그 이상도 이하도 아니었던 것으로 보인다. 프레임 바꾸기는 그런 이익을 위해 필요한 것이었다.

공격과 혐오를 이용해 자기 이익을 취하려는 시도는 점점 더 흔한 일이 되고 있다. 그렇게 취하는 '이익'은 여러 면에서 물질적인 이익보다 비물질적 이익인 경우가 많다. 공격과 혐오를 통해 비뚤어진 자존감, 자기 우월감, 자기만족을 얻고, 견해가 다른 사람들을 사회악으로 만들어 비난의 대상으로 만들고, 그들을 자기 주변과 사회에서 제거하는 등의 이익을 추구한다. 물론 그런 이익을 모두 취할 수 있는 건 아니다. 하지만 그런 공격과 혐오는 그 대상이 되는 사람들에게 심각한 상처를 입힌다. 그리고 그것 또한 그들이 원하는 것 중 하나다.

3 _____

빈곤은 공격의 대상인가

집이 친구를
결정한다

2023년 6월 한 신문은 서울 강남구의 초등학교 학부모들 사이에서 화제가 되고 있다는 소식 하나를 전했다. 한 학부모가 어느 날 아이로부터 "우리 집 전세야? 걔네 엄마가 전세 사는 친구랑은 같이 어울리지 말라고 했대"라는 소리를 들었다는 얘기였다. 학무모들은 처음에는 화가 났지만 현실을 인정하고 한숨이 쉬어졌다고 한다. 이미 아는 얘기라 새삼스럽지 않았기 때문이다. 학부모들은 "엄마들이 자녀 친구들이 사는 집 등기부등본을 떼보고 같이 놀 친구인지 아닌지 정해줄 정도"라면서 "1등급은 빚 없는 자가, 2등급은 빚지고 산 자가, 3등급은 전세"라고 했다. 기사는 전세를 산다는 이유로 아이가 왕따를 당해 이사를 했다는 사연도 전했다. 놀라운 건 아이들이 직접 등기부등본을 떼보고 전세를 확인한 후 왕따를 시켰다는 점이다. 기사는 프리미엄 아파트인지 일반 아파트인지 브랜드별로도 일종의 계급이 형성되고 있다고 전했다.*

기사가 말해주고 있는 것은 경제 수준에 따른 계급 형성이 실재한다는 사실이다. 또한 그런 계급 형성이 일부 부유층에 의해 적극적으로 이뤄지고 그 방식이 노골적이라는 것이다. 어린아이에게 잊을 수 없는 상처까지 주면서 말이다. 무엇보다 기사를 통해 알 수 있는 건 충분히 부를 축적하지 못한 사람에 대한 경멸과 무시다. 사실 전세라도 강남 아파트에 사는 사람은 중산층 이상이다. 그러나 부유층은 그런 사람을 자신들과 비교해 '가난한 사람'으로 취급하고 노골적인 경멸과 공격의 대상으로 삼는다.

주거 형태에 따라 계급을 나누는 세태는 이미 오래됐고 어른이나 아이 집단을 가리지 않고 널리 퍼져 있다. 아이들 사이에서는 한때 '전거(전세 사는 거지)', '월거(월세 사는 거지)', '빌거(빌라에 사는 거지)', '엘사(LH아파트에 사는 거지)' 등 주거 형태에 따라 또래를 비하하는 말들이 유행했었다. 아이들 또한 '가난한 사람'은 경멸하고 공격할 수 있다고 생각한 것이다. 등기부등본을 떼어본 아이들처럼 이 아이들도 주거 형태로 경제 수준을

---

* 「"강남 '전세 거지'라 왕따 당해서 이사"…강남 학부모들 '부글부글'하다 '한숨'」, 〈서울경제〉 2023년 6월 17일.

판단하고 계급을 나눌 수 있다고 생각하는 부모와 주변 어른들의 영향을 받았을 것이다. 아파트라는 주거 형태가 최고로 여겨지는 것도 우습지만 개인의 선택인 주거 형태가 사람을 평가하는 기준이 되는 것 또한 씁쓸하고 다른 한편 이해하기 힘든 일이다.

빈곤에 대한 멸시는 우리 사회 전반에 퍼져 있다. 빈곤에는 두 가지 형태, 즉 상대적 빈곤과 절대적 빈곤이 있다. 앞의 사례들은 상대적 빈곤에 대한 것인데 흥미로운 점은 당사자보다는 상대가 가난하다고 규정하고 상대적 빈곤을 느끼게 만든다는 것이다. 수억 원 대의 전세금을 내고 사는 이들을 빈곤한 사람으로 취급해 멸시하는 건 너무 작위적이다. 그러나 엄연히 존재하는 일이다. 그렇다면 왜 이런 일이 생길까? 가장 큰 이유는 경제 수준을 사람을 평가하는 가장 중요한 기준으로 여기고 '적절한 경제 수준'에 대한 주관적 기준을 정하기 때문이다. 이러는 이유는 관계를 맺을 사람과 그렇지 않은 사람을 구분하기 위해서다. 이런 구분 기준을 가진 사람들은 경제적으로 자신보다 낮은 수준에 속한 사람들과 어울리는 게 자신의 품위를 떨어뜨리고 자기 이익에 도움이 되지 않는다고 생각한다. 그 외에도 생활 방식과 취향의 차이 등 여러 가지 사사로운 이유를 불편함으로 거론한다. 상대를 멸시하는 그런 지적을 폭력적인 태도와 행동을 정당화하는 핑계로 삼는 게 비열하고 구차하다는 생각은 하지 않는다.

절대적 빈곤은 객관적 판단에 의한 빈곤이다. 이를 위한 가장 보편적 기준을 제공하는 건 정부가 정한 '빈곤선'으로, 여기에 미치지 못하면 절대적 빈곤 상태다. 빈곤선에 있다는 건 기본적인 생활을 유지할 수 없다는 것이고 정부는 이런 사람들에게 '최저생계비'를 지원한다. 최저생계비는 국민기초생활보장법에 의해 정해진 것으로 "국민이 건강하고 문화적인 생활을 유지하기 위하여 필요한 최소한의 비용"을 말한다. 그것을 스스로 조달할 수 없는 경우 국민기초생활보장법에 따라 정부가 부족분을 채워준다. 절대적 빈곤에서 벗어나게 하기 위해서다. 그러나 정부가 정한 기준은 과학적 근거가 희박하다. 정부는 빈곤의 객관적 수준이 아니라 정부가 지출할 수 있는 생계급여의 총예산을 고려해 대상자 수를 정한다. 때문에 사실상 절대적 빈곤 상태지만 이런저런 이유로 대상에서 배제되는 사람들이 있다.[*] 그러니 우리 사회에는 '절대적 빈곤'이 아니더라도 가난한 사람들이 많다. 그리고 그 가난은 숨기려고 해도 다른 사람의 눈에 띄곤 한다.

눈에 띄는 빈곤한 사람들에 대한 멸시, 나아가 공격은 널리 퍼져 있고 가혹할 정도다. 어떤 사람들은 '빈곤'이 인간과 삶을

---

[*] 신명호, 『빈곤이 오고 있다』, 개마고원, 2020, 36~37쪽.

평가하는 가장 기본적이고 신뢰할 민한 기준이 되고, 동시에 한 사람의 사회적 가치를 판단하는 중요한 잣대가 된다고 생각한다. 이런 기준과 판단에 따라 빈곤한 사람은 사회에 존재할 가치가 없고 나아가 위협이 되는 존재라고 주장한다. 빈곤한 사람에게는 '게으르고 무능한 사람', '폭력적인 사람', '잠재적 범죄자' 등의 꼬리표를 붙인다. 그렇게 함으로써 빈곤한 사람을 멸시하고 기피할 '정당한' 근거를 만든다. 동시에 자신과는 너무 달라서 관계를 만들 수 없는, 나아가 관계 맺기를 피해야 할 대상으로 삼는다. 이 정도도 가혹한데 더욱 가혹한 건 이런 판단을 어른과 아이 상관없이 모두에게 적용하고 노골적인 태도와 행동을 통해 드러낸다는 점이다. 그런 일에는 어른뿐만 아니라 아이들도 동참한다. 거주 형태를 들먹이며 또래를 '거지'라고 부르는 아이들처럼 말이다.

빈곤은 공격의 대상이 되는 일인가? 앞의 사례들을 보면 이런 생각이 든다. 사람은 잘못된 일을 했을 때 공격을 받고, 개인과 사회는 잘못한 사람을 공격할 수도 있다. 그런데 빈곤한 사람은 그런 잘못을 저지른 사람인가? 빈곤한 사람을 공격하는 사람들은 빈곤을 사회악으로 취급하고 그 사회악을 저지른 책임이 전적으로 빈곤한 사람들에게 있는 것으로 생각한다. 정말 그럴까? 많은 질문을 할 수 있겠지만 한 가지 분명한 건 상대적 빈곤이든 절대적 빈곤이든 빈곤을 결정짓는 건 경제 수준이고,

그것이 인간을 전체적으로 평가하는 기준이 될 수는 없다는 것이다. 더군다나 그것이 누군가를 공격하고, 누군가로부터 공격을 받을 이유가 될 수는 없는 것이다.

주택이
빈곤을 말해준다

세계적으로 큰 관심을 끌었던 영화 〈기생충〉은 우리에게 익숙한 '반지하 주택'이 한국의 특이한 주거 형태임을 새삼 확인해주었다. 반지하 주택이 여전히 필요한 거주 공간으로 남아 있다는 건 OECD 회원국이자 '선진국'이라는 한국의 정체성과 묘하게 어긋난다.

2020년 통계청 인구주택총조사(5년 단위의 조사)에 따르면 전국의 반지하 주택 거주 가구는 32만 7320가구였다. 그 가운데 61.4퍼센트인 20만 849가구가 서울에 있었다. 반지하 주택은 법적으로 문제가 없지만 사는 데는 문제가 많다. 일조량 부족으로 곰팡이가 피고 폭우에는 극도로 취약하다. 영화에 나온 수해 장면은 지금도 장마철마다 곳곳의 반지하 주택에서 재연되는 일이다. 노후 주택이 대부분이고 창문이 도로와 맞닿아 있어서 여러 면에서 안전하지 않다. 반지하 주택에 사는 사람들은 거의 세입자고 거기서 살 수밖에 없는 이유는 두말할 필요 없이 그것이 싼 주택이기 때문이다. 서울에 반지하 주택이 몰려 있는 이유도 주택 가격이 비싼 서울에서 경제적 여유가 없는 사람들에게 그나마 기회가 돌아오는 주택이기 때문이다. 사실 주택으로서 제 기능을 하지 못하기 때문에 아무리 적은 액수라도 세를 내는 것조차 부당한 것으로 보인다. 그러나 현실은 반지하 주택에라도 살 수 있는 걸 다행스럽게 생각해야 하는 사람들이 여전히 많다는 점이다.

반지하 주택보다 열악한 주거 형태로는 쪽방촌이 있다. 주로 서울에 있는 쪽방촌은 한 평(3.3제곱미터) 남짓 공간의 쪽방이 다닥다닥 붙어 있어서 '쪽방촌'이라 불린다. 이곳은 폭염 시기 뉴스의 단골 소재가 된다. 열기를 차단하지 못하는 합판으로 지붕과 벽이 되어 있는 경우가 많아 폭염에 그대로 노출된다. 거주 공간이 너무 작아 에어컨 설치가 힘들고 거주자들은 전기세 부담 때문에 에어컨을 쓸 수도 없다. 이곳 거주자들은 때로 실외보다 높은 온도를 견디며 여름을 보내야 한다. 열 차단 기능이 제대로 되어 있지 않은 쪽방은 겨울 한파에도 취약하고 거주자들은 난방비 부담 때문에 전기장판에 기대 영하의 추위를 견딘다. 사람이 살기에는 최악의 주거 환경인데 이런 곳도 월세 20~30만 원을 내야 살 수 있다. 쪽방촌 거주자 중에는 노년층이 많다.

대도시에서 제대로 된 주택을 구할 수 없는 사람들이 거주하는 또 다른 주거 형태로는 고시원이 있다. 고시텔, 원룸텔이라 부르기도 하는데 원래의 목적은 말 그대로 집중해서 고시 공부를 하려는 사람들을 위한 공간이었다. 그러나 대도시에서 비싼 주택 비용을 감당할 수 없는 사람들의 거주 공간으로 바뀐 지 오래다. 고시원은 보통 두 평(6.6제곱미터)도 안 되는 작은 공간이고 창문이 없는 곳도 절반 가까이 된다. 서울의 경우에는 최소 30만 원 이상의 월세를 내야 한다. 주택 문제가 갈수록 악화되면서 최근에는 월세 60~100만 원까지 받는 프리미엄 고시원도 나왔다. 하지만 그래도 고시원은 주택이라기보다는 어떤 형태든 몸을 누일 공간을 찾아야 하는 사람들이 차악으로 선택하는 곳이다.

반지하 주택, 쪽방촌, 고시원에 사는 사람 중 다수가 빈곤층이다. 청년의 경우 부모가 집이 있다 하더라도 자기 수입이 충분하지 않아서 제대로 된 주택을 구할 수 없으면 결국 빈곤한 것으로 볼 수밖에 없다. 주택, 또는 거주할 공간은 인간이 기본적인 생활을 하는 데 가장 중요하다. 어쩌면 입고 먹는 것보다 더 중요하다고 할 수 있다. 안정적으로 자고 쉬는 공간이 있어야 경제활동이 가능하기 때문이다. 거주할 공간이 없으면 노숙자가 될 수밖에 없고 그러면 입고 먹는 것이 불안해진다. 그러나 한국 사회에서, 특히 도시에서 경제활동과 안정적인 삶의 기반이 되는 거주 공간, 또는 주택을 구하는 건 빈곤한 사람들에게는 최고의 도전이다. 주택 가격, 월세, 전세 등이 너무 비싸기 때문이다. 이 상황은 빈곤한 사람들이 만든 상황이 아니다. 엄격히 따지면 그들은 피해자다. 비싼 주택 가격을 감당할 수 있는 수입을 만들지 못하니 결국 그들의 책임이라고 주장할 수도 있겠다. 그러나 모두가 알다시피 한국의 주택 가격은 비정상적으로 비싸다. 저임금 노동자는 물론 평범한 노동자도 그 비싼 가격을, 그리고 계속 상승하는 주택 가격을 따라갈 수 없다.

의·식·주가 아니라
주·주·주다

주택 가격의 비정상을 보여주는 가장 대표적인 수치는 주택 가격 상승률과 임금 상승률이다. 주택이 인간의 기본적인 생활을 위한 필수품이라면 일주일 40시간 노동의 대가로 받은 임금으로 구할 수 있는 것이어야 한다. 사지는 못하더라도 편히 몸을 누일 공간 정도는 안정적으로 확보할 수 있어야 한다. 그러나 주당 40시간 기본 노동으로 주택, 또는 안정적 거주 공간을 구하는 건 불가능하다. 주택 가격 상승은 하늘을 나는데 임금 상승 수준은 바닥을 기고 있기 때문이다. 한국부동산원과 KB국민은행에 따르면 2012~2020년 동안 주택 평균 매매가격은 35.7~40.2퍼센트 상승했다. 반면 국가통계포털에 따르면 임금 상승률은 같은 기간 19.7퍼센트에 그쳤다. 주택 가격 상승률이 임금 상승률의 거의 두 배다. 그러니 안정적인 소득을 얻는 노동자여도 기본 생활비 외에 모든 것을 주택 구입에 투자해야 하고 그도 모자라 수십 년 동안 은행 부채를 갚아야 한다. 고용이 불안하고 저임금을 받는 노동자는 주택 구입은 꿈도 꾸지 못하고 '살 만한' 주택이나 거주 공간을 구하는 것조차 힘들다.

국토교통부가 발표한 「2021년 주거실태조사」 보고서에 따르면 임차 가구의 월소득 대비 임대료 비율인 RIR(Rent Income Ratio)은 전국 기준으로 15.7퍼센트였다. 지역별로는 수도권이 17.8퍼센트로 가장 높았고, 광역시 등은 14.4퍼센트, 도 지역은 12.6퍼센트였다. 소득별 RIR을 보면 소득 상위 가구는 19.6퍼센트, 중위 가구는 16.0퍼센트, 하위 가구는 18퍼센트였다. 이 수치는 소득에서 임대료에 지출하는 비율이 전반적으로 높음을 보여준다. 특히 하위 가구의 경우 한 달에 150만 원을 벌면 27만 원, 200만 원을 벌면 36만 원을 임대료로 지출하고 남은 돈으로 빠듯하게 생활해야 한다는 얘기다. 생활비가 부족하니 안정적 주택 확보에 투자할 돈이 없다. 결국 빈곤한 사람들이 주택 문제를 해결할 수 없는 이유는 임금 상승률을 앞지르는 주택 가격 상승률과 비싼 주택 가격이다. 주택 가격 상승은 차선, 또는 차악으로 선택되는 반지하 주택, 쪽방, 고시촌 같은 곳의 임대료도 높인다.

주택 가격 상승은 긴 역사를 가지고 있다. 1990년 서울 인구는 1000만 명을 넘었고 인구 증가에 부동산 투기 열풍까지 겹쳐서 당시 집값은 미친 듯이 뛰었다. 주택임대차보호법 개정으로 1990년부터 임대 기간이 1년에서 2년으로 연장되자 집주인들은 미리 전세금을 크게 올려 받았다. 이로 인해 서울에는 한 달 새에 전셋값이 3배나 뛴 곳도 있었다. 급등하는 전셋값을 감당하지 못한 사람들은 평수를 줄여 이사하거나 서울 근교로 이주했다. 1990년 4월에는 전·월셋값을 감당하지 못해 자살을 한 세입자가 17명이나 나왔다.* 멀지 않은 과거에도 주택 가격이 가파르게 상승했던 적이 있었다. 2020년 6월 시민단체인 경제정의실천연합(이하 경실련)은 2017년 5월에서 2020년 5월까지 3년 사이에 서울 지역 아파트값이 52퍼센트나 올랐다는 분석 결과를 내놓았다. 정부는 14.2퍼센트라고 반박했다. 각각 다른 통계를 인용한 것에 따른 이견이었다. 그러나 서울의 강남과 비강남 지역의 34개 아파트 가격 변화를 분석한 결과에 기반한 경실련의 주장이 설득력을 얻었다. 아파트 가격 상승은 모든 주택 가격 상승에 영향을 미쳤다.

주택 가격이 천정부지로 치솟고 국가가 주택 공급을 제대로 하지 못하면서 빈곤한 사람들은 자격 미달의 거주 공간에 적지

---

* 강준만, 『부동산 약탈 국가』, 인물과사상사, 2020, 51~52쪽.

빈곤한 사람들은 주택 상태와 생활 환경을 고려하면 절대 싸지 않은 반지하 주택, 쪽방촌, 고시원 등을 벗어날 수가 없다. 그들 모두 거주 공간의 질에 비해 상당한 금액을 지불하고 산다. 그들이 그런 주거 형태에 거주하게 된 게 과연 그들의 책임인가?

많은 비용을 지출하면서 살고 있다. 집주인들은 법이 바뀔 때마다 자기 이익을 미리 계산해 전·월셋값을 올린다. 비용 상승을 감당할 수 없는 사람들은 아파트에서 빌라로, 빌라에서 반지하 주택으로, 전세에서 월세로, 서울에서 서울의 위성도시로 계속 싼 곳을 찾아 이주할 수밖에 없다. 빈곤한 사람들은 주택 상태와 생활 환경을 고려하면 절대 싸지 않은 반지하 주택, 쪽방촌, 고시원 등을 벗어날 수가 없다. 그들 모두 거주 공간의 질에 비해 상당한 금액을 지불하고 산다. 그들이 그런 주거 형태에 거주하게 된 게 과연 그들의 책임인가? 나아가 비정상적인 주택 가격 상승 때문에 상대적으로 싸고 때로는 열악한 주거 형태를 가지게 된 게 공격받을 일인가? 그래도 여전히 공격할 누군가를 찾아야 한다면 그것은 주택 가격의 지속적 상승을 야기하고 그것을 통해 부를 창출하고 권력과 명예까지 손안에 쥔 사람들이지 않을까?

최저임금을 받으면 무능한 건가

빈곤해지는 이유는 간단하다. 수입이 충분하지 않기 때문이다. 많은 사람의 주 수입원은 노동에 대한 대가인 임금이다. 그런데 한국 사회에서 최저임금 수준의 임금을 받는다면 빈곤해질 가능성이 높다. 최저임금은 노동자가 사용자로부터 부당하게 저임금을 받는 것을 막고 일정 수준 이상의 임금을 받아 안정적인 생활을 할 수 있도록 국가가 제도적으로 정해놓은 것이다. 최저임금은 매년 노동자 위원 9명, 사용자 위원 9명, 정부가 지명하는 공익위원 9명이 참여하는 최저임금위원회에서 정해진다. 2024년 시간당 최저임금은 9860원이다. 이에 따른 월 급여는 206만 740원으로 주 40시간, 월 209시간 노동을 기준으로 한 것이다.

최저임금의 의미는 저임금이 아니라 적정한 임금이다. 다시 말해 주당 40시간 일하며 최저임금을 받으면 보통 수준의 삶의 질을 유지할 수 있다는 의미다. 보통 수준이란 게 사회마다 다를 수 있는데 우리 사회의 기준으로는 기본 생활은 물론 가끔 외식이나 문화생활도 할 수 있는 수준을 말한다. 재산 축적을 위해 임금이 높은 업종으로 전업할 생각이 없다면 최저임금 수준의 일만 하며 평범하게 사는 선택을 할 수도 있을 것이다. 그러나 그렇게 사는 건 가능하지 않다. 최저임금으로는 도시에서 생계를 유지하기조차 쉽지 않기 때문이다. 왜 이런 일이 생길까? 이유는 단순하다. 물가에 비해 최저임금이 낮기 때문이다.

최저임금은 물가를 반영한 실질적인 수준의 임금이어야 하지만 현재의 최저임금은 전혀 그렇지 않다. 최저임금을 받고 주당 40시간을 일해 도시에서 생계를 꾸리는 건 혼자 사는 사람에게도 힘든 일이다. 부양가족이 있다면 더욱 힘들고 빈곤해질 수밖에 없다. 그래서 도입된 것이 생활임금이다. 생활임금은 최저임금만으로 보장하기 어려운 주거비, 교육비, 문화비 등을 고려해 실질적으로 노동자가 빈곤 수준 이상의 삶을 영위할 수 있게 하기 위한 급여 개념이다. 1994년 미국 볼티모어에서 처음 시작됐고 한국에서는 2013년 서울 성북구와 노원구가 처음 도입했다. 2023년 현재 전국 17개 광역지자체 중 대구, 경북을 제외한 15개 지자체가 생활임금을 도입하고 있다. 지자체별 조례에 근거해 운영되는 생활임금이 해당 지자체의 모든 노동자에게 적용되는 건 아니다. 지자체 및 지자체 투자 출연 기관 소속 노동자, 지자체 투자 기관 자회사 소속 노동자, 민간 위탁 노동자, 일자리 참여자 등에게만 적용된다. 법으로 정해진 것이 아니어서 민간 기업이나 고용주에게 강제할 수 없기 때문이다.

서울시는 2015년 처음 생활임금을 도입했다. 2023년 기준 서울형 생활임금은 시간당 1만 1157원으로 정부의 최저임금보다 1537원 많았다. 주당 40시간, 한 달 209시간 기준으로 하면 월 급여는 233만 1813원으로 정부의 최저임금보다 32만 1233원이 많았다. 서울시보다 높은 곳도 여럿이었다. 2023년 기준 시간당 생활임금은 광주광역시가 1만 1930원, 경기도가 1만 1485원, 전라남도가 1만 1455원이었다. 경기도 안에서도 시에 따라 생활임금이 달랐다. 시간당 생활임금이 가장 높은 곳은 성남시로 1만 1730원이었다. 정부의 최저임금과 비교하면 2110원 차이가 났고 월 급여로는 44만 990원이나 많았다. 서울시를 포함해 생활임금을 채택하고 있는 15개 지자체의 생활임금은 이미 2022년에 1만 원을 넘었다. 생활임금은 정부가 정한 생활임금이 사실은 안정적인 생활을 보장하는 최저임금이 아님을 단적으로 보여준다.

최저임금을 정하는 최저임금위원회는 해마다 진통을 겪는다. 노동자 측은 본래 취지에 맞게 최저임금을 노동자의 기본적 생활을 보장하는 수준으로 올려야 한다고 주장한다. 사용자 측은 기업과 고용주에게 부담이 되지 않게 인상을 동결하거나 조금만 올려야 한다고 주장한다. 결정 시한을 넘기면서까지 팽팽한 줄다리기가 계속되고 결국 공익위원들이 양쪽의 의견을 수렴해 내놓은 안을 투표에 부쳐 결정하곤 한다. 그런데 몇 번을 제외하고 대부분 노동자보다는 기업과 고용주에게 유리한 인상 폭이 선택됐다.

최저임금 인상을 둘러싸고 보통 두 가지 의견이 대립한다. 하나는 주로 사용자 측이 주장하는 것으로 최저임금이 너무 높으면 부담이 큰 고용주들이 고용을 줄이기 때문에 일자리가 줄어든다는 것이다. 그러면 노동자도 어렵게 된다는 것이다. 다른 하나는 노동자 측과 많은 연구자 및 시민단체의 주장으로 최저임금이 인상되면 소비가 증가하고 그에 따라 기업의 이윤도 증가한다는 것이다. 그 결과 경제의 선순환 구조가 만들어진다는 것이다. 두 주장 모두 나름의 논리를 내세우고 자료도 제시한다. 일반인들은 자신, 또는 가족이 고용주인지, 노동자인지에 따라 두 의견에 대한 찬반 입장을 표한다. 그런데 이런 논쟁에 앞서 원칙적으로 고려해야 하는 건 결국 '최저임금'의 의미고 그것이 필요한 이유다. 기업과 고용주가 힘들다는 이유로 최소한의 생활을 보장하는 수준인 최저임금을 거부하는 건 타당하지 않다. 정부도 마찬가지다. 기업과 고용주의 부담을 줄이기 위해 노동자에게 낮은 최저임금을 수용하라는 건 무리한 요구다. 그건 생존을 포기하라는 것과 마찬가지니 말이다.

최저임금 논의 기간에는 높은 폭의 인상을 요구하는 노동자들에 대한 공격이 많아진다. 기업과 소상공인들은 물론 정부까지 노동자 측의 인상 요구를 국가 경제를 생각하지 않는 이기적인 주장이라고 비난하고 공격한다. 최저임금을 받는 노동자들을 '무능한 데 욕심은 많은' 사람들로 매도하고 비아냥대기도 한다. 그러나 적정한 수준의 최저임금은 노동자들이 마땅히 받아야 하는 임금이고 사회에는 최저임금을 받는 일을 하는 사람들도 당연히 필요하다. 그런데도 왜 적정한 수준의 임금을 요구하는 노동자를 공격하는가? 왜 최저임금의 의미와 취지를 제대로 이해하려고도, 실행하려고도 하지 않는 기업과 정부는 공격하지 않는가?

최저생계비 지원을
받는 건 부당한가

최저임금과 함께 기본적인 생활 유지를 보장하는 것으로 국민기초생활보장법이 있다. 이 법률의 목적은 생활 유지 능력이 없거나 생활이 어려운 국민에게 국가가 필요한 급여, 그러니까 최저생계비를 지원해 최소한의 생활을 보장하고 자활을 돕는 것이다. 최저생계비는 "국민이 건강하고 문화적인 생활을 유지하기 위하여 필요한 최소한의 비용"을 말한다. 국민 전체 소득에서 중위소득, 그러니까 소득을 일렬로 나열했을 때 중위인 50위의 소득이 지원을 결정하는 기준이 된다. 소득이 중위소득의 30~50퍼센트에 해당하는 가구는 기본적인 생활을 하기 어려운 가구로 인정돼 정부로부터 부족분을 지원받을 수 있는 기초생활 수급자가 될 수 있다. 소득의 규모는 가구원 수에 따라 달라진다. 기준 중위소득 50퍼센트 이하의 가구는 교육급여, 47퍼센트 이하는 주거급여, 40퍼센트 이하는 의료급여, 30퍼센트 이하는 생계급여를 받을 수 있다.

보건복지부 통계에 따르면 2023년 5월 기준으로 기초생활 수급자는 전체 인구의 4.88퍼센트고 숫자로는 250만 9099명이었다. 기초생활 수급자는 2017년에는 인구의 3.1퍼센트였고 숫자로는 158만 1646명이었다. 5년여 만에 숫자가 100만 명 정도 늘어난 이유 중 하나는 기초생활보장이 확대됐기 때문이다. 2014년 서울 송파구의 반지하 주택에 살던 세 모녀가 질병과 생활고에 시달리다 사망한 사건을 계기로 위기 가구를 발굴하는 적극적인 시스템에 대한 사회적 요구가 높아졌다. 이를 계기로 2015년 7월 개정된 국민기초생활보장법이 시행되었고 정부는 다층화되고 적극적인 방식으로 기초생활보장을 지속적으로 확대했다. 그러나 2023년 보건복지부의 또 다른 통계에 따르면 해마다 평균 22만 명 정도가 소득이 약간 늘었다는 이유 등으로 기초생활 수급자 자격을 상실하는 것으로 나타났다. 빈곤한 상황은 변하지 않았는데 미미한 소득 변화로 정부의 지원을 받지 못하게 되는 것이다. 이는 실제 빈곤한 사람들이 정부가 지원하는 숫자보다 훨씬 많다는 것을 의미한다.

국가가 개인의 소득 부족분을 채워주고 기초생활을 보장하면서 적극적으로 국민의 안정적인 삶을 책임지는 '복지국가'는 이제 상식이 되었다. 선진국은 말할 것도 없고 개발도상국을 포함한 대다수 국가가 복지국가를 지향한다. 그렇다고 논란이 아예 없는 건 아니다. 개인의 '능력 부족'으로 생긴 소득의 부족을 국가가 채워줘야 하는 것에 대해 문제를 제기하는 사람들도 있다. 그리고 그런 지적의 핵심은 세금이다. 그들은 열심히 일하는 사람들이 내는 세금을 열심히 일하지 않는 사람들을 위해 쓰는 게 부당하다고 주장한다. 여기에는 빈곤층 지원이 많아지면 자신이 받는 세금 혜택이 줄어들 거라는 피해의식도 깔려 있다. 이런 주장은 비난과 공격으로 바뀌곤 한다. 그들은 빈곤한 사람들을 열심히 사는 사람들의 노력에 무임승차를 하고, 일자리를 구하려 하지 않고 지원금을 타며 빈둥거리는 뻔뻔하고 게으른 사람들이라고 비난한다. 열심히 사는 선량한 사람들에게 폐만 끼치는 사회에 불필요한 사람들이라고 공격한다. 조금 '너그러운' 사람들은 열심히 일하는데도 빈곤한 사람들과 일하지 않으면서 빈곤한 사람들을 엄격하게 구분해서 지원해야 한다고 주장한다. 이런 주장에는 국가가 세금으로 빈곤한 사람들을 지원하는 건 공평하지도 타당하지도 않다는 생각이 깔려 있다.

많은 사람이 빈곤한 사람들은 세금을 한 푼도 내지 않으면서 국가의 지원금을, 그러니까 복지 혜택을 받는다고 문제를 제기한다. 그러나 빈곤한 사람들도 세금을 낸다. 부자보다는 덜 내지만 물건과 서비스를 구매할 때 '간접세'를 낸다. 소득을 고려하면 사실 빈곤한 사람들이 지는 세금 부담이 더 크다. 그리고 복지를 위한 재정은 부자나 세금을 많이 내는 사람들이 아니라 사회 구성원 모두가 함께 만드는데 거기에는 물론 빈곤한 사람이 낸 간접세도 포함되어 있다. 복지는 누구에게나 일어날 수 있는 일을 대비해 국민이 공동 구매하는 사회보장 상품과 마찬가지다.* 그리고 당장 빈곤한 사람들이 가장 먼저 혜택을 보는 것이다.

 그렇더라도 결국 부자가, 그리고 상대적으로 소득이 더 많은 사람이 세금을 더 내고 그것이 복지 예산에서 큰 부분을 차지하기 때문에 세금을 더 내는 사람들이 손해를 보는 상황이 맞다고 반박할 수 있다. 그러나 세금의 다른 측면을 보면 그렇지도 않다. 국가는 세금으로 이익을 기대할 수 없거나 비용이 커서 시장이 제공할 수 없는 공공재를 제공한다. 국방과 치안, 도로·항만·댐 같은 사회간접자본(social overhead capital, SOC), 보건, 복지, 교육, 문화, 환경 등의 재화와 서비스는 국가가 제공하는 공공재다. 세금을 내는 건 국가가 제공하는 이런 공공재에 대한 대가를 지불하는 것이다. 다만 세금은 개인의 공공재 소비량에 따라서가 아니라 국가가 정한 기준에 따라서 강제로 부과된다. 중요한 건 소득이 높을수록 공공재의 혜택을 더 많이 본다는 점이다. 지킬 재산이 많은 사람이 국방과 치안의 혜택을 더 보고, 큰 사업을 하는 사람이 도로, 항만, 공항 같은 사회간접자본을 더 많이 이용하고 혜택을 본다. 그들은 국가가 세금을 투입해 교육한 인적 자원과 국가가 지원한 연구 개발 결과 등을 이용해 수익을 창출한다.[**] 국민의 여가 생활과 질 높은 삶을 위해 국가가 조성하고 관리하는 관광 자원과 자연환

---

* 장하준, 『장하준의 경제학 레시피』, 김희정 옮김, 부·키, 2023, 229쪽.
** 김태일, 『국가는 내 돈을 어떻게 쓰는가』, 웅진지식하우스, 2013, 76쪽.

경도 고소득자들이 더 많이 이용한다. 강도 높은 노동 때문에 잠 잘 시간도 부족한 빈곤한 사람들은 그 혜택을 거의 누리지 못한다. 만일 공공재를 이용할 때마다 비용을 지불해야 한다면 그 비용은 만만찮은 수준이 될 것이다. 그러니 빈곤한 사람들에게 세금을 쓰는 게 공평하지 않고 부당하다는 주장은 논리적이지 않다. 부자인 사람과 빈곤한 사람은 다르게 세금의 혜택을 입을 뿐이다.

국가가 빈곤한 사람을 지원하는 이유는 여러 가지다. 빈곤한 사람의 기초생활보장을 위한 것이긴 하지만 동시에 국가 경제, 사회, 정치적 안정을 위한 목적도 있다. 정부의 성향에 따라 전자보다 후자의 목적이 더 강할 수도 있다. 복지의 규모, 영역, 방식 등을 놓고 정치적 공방이 벌어지는 이유도 그래서다. 국가는 정치적, 경제적, 사회적 안정을 위해 세금을 투자할 가치가 있다고 생각하기 때문에 빈곤한 사람을 지원한다. 그리고 그런 투자가 가져오는 혜택은 모든 국민이 누린다. 그러므로 세금이 쓰인다는 이유로 빈곤한 사람을 공격할 이유도, 그들이 공격을 받을 이유도 없다.

왜 열심히 일해도
가난한가

한국은 노인 빈곤율이 높다. 통계청에 따르면 2020년 기준으로 65세 이상 노인의 상대적 빈곤율, 즉 중위소득 50퍼센트 이하에 속하는 비율은 40.4퍼센트였다. 노인 10명 중 4명이 '공식적으로' 빈곤하다는 의미다. OECD 국가 중 상대적 빈곤율이 40퍼센트를 넘는 국가는 한국이 유일했다. 호주, 미국, 일본 등은 20~23퍼센트 정도였고 프랑스, 덴마크, 노르웨이 등은 4퍼센트대에 불과했다. 2021년 기준으로 한국의 65세 이상의 고용률은 34.9퍼센트로 OECD 국가 중 1위였다. 본인이나 배우자가 직접 생활비를 마련하는 비중은 65.0퍼센트로 10년 전과 비교해 13.4퍼센트나 높았다. 이 모든 수치는 한국에서는 늙어서도 일해야 먹고살 수 있고, 일해도 가난하게 사는 노인이 많다는 걸 말해준다.

한국은 청년 빈곤율도 높다. 2022년 2월 한국청소년정책연구원이 19~34세 청년 4114명을 대상으로 한 설문조사에 기반한 보고서에 따르면 청년의 41.4퍼센트는 연 소득이 2000만 원 미만이었다. 2000만~4000만 원 미만은 32.4퍼센트였다. 청년의 연간 소득 평균은 2223만 원(월 약 185만 원)으로 2022년 1인 기준 중위소득인 월 194만 원에 훨씬 못 미치는 액수였다. 청년 중 42.6퍼센트는 자신이 '빈곤하다'고 생각하는 것으로 나타났다. 또한 빈곤 탈출 가능성에 대해 34.3퍼센트가 '낮다'고 응답했고, '높다'는 응답은 28.5퍼센트에 불과했다. 응답자의 63.9퍼센트가 자가나 전·월세 등 본인 명의 거주 주택을 보유하지 못한 것으로 나타났다. 본인 명의 주택이 있는 청년의 절반 이상은 부모나 친지의 도움을 받은 것으로 나타났다. 청년층의 빈곤은 객관적인 수치로도 알 수 있다. 보건복지부 통계에 따르면 2017년 약 14만 명이었던 20~30대 기초생활 수급자는 2022년 7월 기준 약 26만 명까지 늘었다. 5년 만에 약 1.8배가 늘어난 것이다.

청년의 빈곤율이 높아지는 이유는 두말할 필요 없이 충분한 소득을 얻지 못하기 때문이다. 이는 청년 실업률과 관련이 있다. 통계청의 고용 동향에 따르면 2023년 5월 기준 청년 실업률은 5.8퍼센트였다. 그러나 이 수치에는 사실상 실업자인 구직을 하지 않고 쉬는 취업준비생이나 구직을 단념한 사람 등은 포함되지 않는다. 또한 임시나 단기 아르바이트를 하는 사람도 포함되지 않는다. 그러니 실제 실업률은 통계보다 훨씬 높다고 볼 수 있다. 2023년 5월 기준으로 구직을 하지 않고 '쉬었음'이라고 답한 20~30대는 전년보다 오히려 늘었고 10년 전에 비하면 약 32퍼센트나 늘어난 규모였다. 공식 실업률에서 빠진 주 36시간 미만의 단기 아르바이트를 하면서 구직 활동을 하는 실질적 의미의 실업자까지 포함한 실업률은 16.5퍼센트였다. 공식적인 실업률인 5.8퍼센트보다 2.8배나 높았다. 안정적인 일자리를 구하지 못하거나 취업 준비를 병행하면서 일을 하니 충분한 소득을 얻을 수 없고 빈곤해질 수밖에 없다.

　청년, 노인 가릴 것 없이 빈곤할수록 열심히 일한다. 그런데도 많은 사람이 빈곤에서 벗어나지 못하는 이유는 왜일까? 애초 자산이 없기 때문이기도 하겠지만 전문적인 기술이나 지식이 없으면 임금이 높지 않은 일을 할 수밖에 없기 때문일 것이다. 그렇지만 더 근본적인 문제는 앞서 얘기한 것처럼 최저임금이 낮아서 열심히 일을 해도 생활에 충분한 소득을 얻지 못하기 때문이다. 게다가 최저임금조차 받지 못하는 경우도 생각보다 많다. 고용노동부에 따르면 2022년 노동자가 최저임금을 제대로 지급하지 않는 등의 이유로 고용주를 노동 당국에 신고한 건수는 1631건에 달했다. 이와 별개로 2022년 노동 당국은 2만 7180개 업체를 직접 감독한 결과 최저임금을 지급하지 않는 사례 444건을 적발했다. 그런데 고용주를 사법 처리한 경우는 1.58퍼센트에 불과했다. 통계청에 따르면 2021년 기준으로 최저임금을 받지 못한 노동자는 전체 임금노동자의 15.3퍼센트에 달했다. 5인 미만 사업장에서는 노동자의 33.6퍼센트가 최저임금을 받지 못했다. 최저임금도 받지 못한다면 열심히 일해도 빈곤을 벗어나기가 힘들다. 오히려 더 빈곤해질 수밖에 없다.

　비정규직으로 일한다면 최저임금 수준보다는 높지만 역시 낮은 임금을 받을 수밖에 없다. 같은 시간, 같은 일을 해도 비정규직은 정규직에 비해 낮은 임금을 받는다. 2023년 5월 고용노동부가 발표한 '2022년 6월 기준 고용형태별 근로실태조사 결과'를 보면 비정규직의 시간당 임금수준은 정규직의 70.6퍼센트였다. 한 해 전인 2021년보다 오히려 2.3퍼센트 줄었다. 정규직과 비정규직의 임금 격차는 4년 만에 최고치를 기록했다. 액수로 치면 비정규직의 시간당 평균 임금은 1만 7233원이었고 정규직은 2만 4409원이었다. 이것을 주 40시간 노동 기준으로 계산하면 비정규직 임금은 월 360만 1697원이고, 정규직 임금은 월 510만 1481원이었다. 비정규직의 한 달 임금은 2023년 4인 가구의 기준 중위소득인 약 540만 원에 턱없이 못 미치는 액수였고, 중위소득의 70퍼센트에도 못 미치는 수준의 임금이었다. 기초생활보장 수급 대상은 아니지만 삶의 질을 높일 수 있는 여건은 안 되는, 그리고 혹시 부모까지 부양한다면 빈곤을 피할 수 없는 수준이다. 300인 이상 사업장의 비정규직 임금은 정규직 임금의 69.1퍼센트였고, 300인 미만 사업장의 경우엔 정규직 임금의 43.7퍼센트로 정규직 임금의 절반도 되지 않았다. 이 수치들이 말해주는 건 명확하다. 비정규직으로 일하면 생활에 충분한 소득을 얻을 수 없고 빈곤해질 가능성이 높아진다는 점이다. 그런데 기업은 계속 비정규직 일자리를 늘리고 있고 정부는 비정규직 일자리를 줄일 방법을 적극적으로 찾지 않고 있다.

사람들이 빈곤해지는 이유는 여러 가지다. 가장 큰 이유는 소득이 없기 때문인데 그 이유 또한 여러 가지다. 질병이나 신체 약화로 일을 할 수가 없어서일 수도 있고, 노동력은 있는데 일자리를 구하지 못해서일 수도 있다. 또는 일을 하고는 있으나 임금이 워낙 낮아서 생활하기에 항상 소득이 부족한 경우일 수도 있다. 첫 번째와 두 번째는 소득이 생기지 않는 경우이므로 빈곤해지는 것을 이해할 수 있다. 물론 일자리를 구하지 못하는 건 개인의 능력 부족이 아니라 사회의 일자리 부족일 수 있으므로 단순히 개인의 책임으로 돌리기는 어렵다. 그래도 어쨌든 소득이 없으니 빈곤해지는 건 피할 수 없다. 그러나 세 번째의 경우는 다르다. 열심히 일하는데도 빈곤을 벗어나지 못한다면, 그리고 오히려 더 빈곤해진다면 빈곤을 개인의 책임으로 돌릴 수 없다. 그런 빈곤이 비난과 공격의 대상은 더더욱 될 수 없다.

4 _____

'문제적 이방인'은 있는가

"치안과 안전
보장하라"

2022년 2월 7일 청와대 국민청원 게시판에는 '이슬람 난민' 정착에 반대하는 청원이 게재됐다. 주요 내용은 아래와 같다.

이슬람 난민 울산 동구 집단 거주 형성을 반대합니다.

지난 금요일(2월 4일) 기사 한 줄로 울산 동구 ○○동에 이슬람 난민 29가구 총 157명의 난민을 2월 7일부로 거주를 허용하고 ○○에 취업과 함께 생계를 꾸려가도록 집단 거주 형성을 한다는 것을 알게 되었습니다.

난민 가구에 포함된 초등학생들은 외국인 전문학교가 아닌 ○○초등학교 일반 국립초등학교 배정까지 함께 통보되었습니다.

대한민국에서 아이를 낳고 생계를 꾸리며 세금을 내는 대한민국 국적의 시민의 의사와는 전혀 상관없이 내 아이가 다니는 학교에 내가 사는 동네에 이슬람 종교를 가진 난민들이 집단으로 무리를 지어 한 건물에 살게 되는 걸 이틀 전날 모두가 알게 되었고 아직도 모르는 사람들이 더 많습니다.

(중략)

난민의 생계 보장을 고민하기 전에 그 생계 보장의 비용을 지불하며 세금 내고 있는 시민들의 치안과 안전을 먼저 보장해주시길 바라며 이슬람 난민 집단 거주 형성을 반대합니다.

거주지 분배와 취업 분배를 요청합니다.

하루 전인 2월 6일 울산시청의 시민제안 게시판에도 비슷한 내용이 올라왔다. 제안인은 한 지역에 난민 157명이 집중해서 오는 것을 해결해달라면서 난민 어린이 25명이 한 초등학교에 배정된 것에 문제를 제기했다. 그는 "난민, 특별기여자라고 하지만 그들이 그 나라에서 어떤 기여를 했는지도 어떤 사상을 가졌는지도 모른 채 그대로 일방적인 통보식으로 떠안게 되었다"고 했다. 그러면서 "어른들은 피하고 다닐 힘이라도 있지만 작고 여린 우리 ○○초 학생들은 그 피해를 몸소 받아들여야 하는 입장이며 그들이 갖고 있는 종교, 사상, 문화 아무것도 모른 채 흡수될 수밖에 없는 상황"이라고 했다. 그는 난민을 완강하게 거부하는 것은 아니라면서 "분산시켜달라"고 요청했다. 이후 울산봉구청에도 난민 정책에 반대하는 글이 100건 넘게 올라왔다. 난민 어린이들이 배정된 초등학교 학부모들은 반대 시위를 하고 기자회견을 열기도 했다. 32만 명 이상이 가입되어 있는 울산의 한 부동산 재테크 카페에는 청와대 국민청원에 동의하고 울산시청에 올라온 시민제안에 많은 댓글을 요청하는 글이 올라왔다. 각종 인터넷 커뮤니티에도 국민청원에 대한 동의와 시민제안에 댓글을 요청하는 글들이 게재됐다. 국민청원과 시민제안에서 언급된 난민은 아프가니스탄 특별기여자와 그 가족을 일컫는 것이었다.

2021년 8월 거의 20년 만에 아프간 전쟁이 종식됐다. 미국은 모든 군대의 철수를 결정했고 아프간 전쟁 시작과 함께 정권을 잃었던 극단적인 이슬람 세력인 탈레반이 예정보다 일찍 수도 카불을 탈환했다. 미국을 포함한 서방 국가들의 군대와 자국민, 친서방 국가들의 자국민 및 기관, 국제기구 및 직원 등의 철수와 탈레반의 보복 우려로 카불은 대혼란에 빠졌다. 미국이 계획을 제대로 세우지 않고 급하게 철수를 시작하는 바람에 외국인들은 물론 외국 정부, 기관, 단체, 회사 등과 일했던 아프가니스탄 사람들은 탈레반의 보복을 걱정해야 하는 상황이 됐다. 대사관, 재건 프로젝트, 국제협력단 등에서 한국 정부에 협력했던 사람들과 그 가족도 위험해졌다. 한국 정부는 이들 중 한국행을 희망한 사람들과 가족 391명(성인 156명, 아동 195명, 영유아 40명)에게 '특별기여자'라는 이름을 붙이고 한국으로 이송했다. 8월 26일과 27일에 인천공항에 도착한 이들은 한국 사회 적응 훈련을 받고 몇 개월 동안 임시 숙소에 머물렀다. 그 후 2022년 2월 초 인천, 울산, 김포 등에서 지역사회 정착을 시작했다. 그중 29가구 157명이 울산 현대중공업 협력업체에 채용이 돼 울산에 정착하게 됐다.

특별기여자 국내 이송에 대한 여론은 대체로 호의적이었다. 반대하는 사람들도 있었고 반대하는 국민청원도 등장했으나 여론을 뒤흔들 정도는 아니었다. 그들이 한국 정부를 위해 일했다는 이유로 탈레반 정부와 무장 세력으로부터 보복을 당해서는 안 된다는 게 중론이었다. 그런데 지역사회 정착이 결정되고 그들을 이웃으로, 그리고 자녀들의 학교 친구로 맞이하게 된 사람들은 노골적으로 반대 의견을 표출했고 지역사회는 들끓었다. 물론 이들을 따뜻하게 맞이하고 열심히 정착을 도운 사람들도 많았다.

특별기여자의 정착을 반대하는 청원, 시민제안, 댓글들은 많은 것을 보여준다. 가장 흥미로운 점은 반대하는 사람들이 그들을 난민*으로 불렀다는 점이다. 그들은 왜 정부가 부여한 공식 명칭인 '특별기여자'를 거부하고 '난민'이라는 단어를 사용

---

* 여기서 난민은 법적으로 난민 지위를 인정받은 사람이 아니라 통상 사회에서 쓰는 용어인 난민, 즉 피신한 국가에 머물며 난민 지위를 얻으려는 사람들을 말한다.

했을까? 거기에는 두 가지 이유가 있는 것으로 보인다. 하나는 정부의 결정과 상관없이 위험한 아프가니스탄을 탈출한 사람들이 그들에게는 난민으로 보였다는 점이다. 다른 하나는 아프가니스탄에서 온 사람들을 한국 사회 정서와 통념의 테두리 안에서 '문제적 이방인'으로 규정하고 많은 사람의 공감을 얻기 위해 난민으로 불렀을 것이라는 점이다.

'문제적 이방인'은
있는가

한국 사회에는 여행자, 이주노동자, 학생, 사업가, 외교관 등 다양한 배경의 이방인이 단기로, 또는 장기로 머물고 있다. 그중 난민은 가장 호의를 받지 못하는 이방인이다. 많은 사람이 난민에게 적대적 감정을 표하고 심지어 폭언을 내뱉기도 한다. 특히 시리아, 예멘, 아프가니스탄 등 이슬람 국가 출신 난민 뉴스에 익숙한 한국인들은 그들을 만나본 적이 없어도 위험한 사람들로 인식한다. 위험하다는 인식의 근거는 무엇일까? 국민청원에는 그 이유가 적혀 있었다. 청원인은 "정치적, 종교적 안전과 치안 문제, 그동안 유럽과 세계 곳곳에서 벌어진 이슬람교의 문제를 모르는 사람은 아무도 없다"고 썼다. 이어서 "몇 개월 몇 년 뒤 타국에서 일어났던 일들이 우리에게 없을 거라고 보장하느냐"고 했다. 모호하게 언급되어 있었지만 짐작하건대 '이슬람교의 문제'란 이슬람 무장 세력 또는 동조자들의 테러 행위, 또는 이슬람 국가 출신 난민들의 범죄를 일컫는 것으로 보였다. 그렇다면 이슬람 신자들은 모두 테러리스트이자 범죄자인가?

테러를 저지르는 사람은 이슬람 신자 중 극히 소수로 극단적이고 왜곡된 이슬람 신앙을 가진 사람들이다. 게다가 테러가 일상적으로 일어나는 일이 아니라는 점을 생각하면 일반적 인식과는 다르게 이슬람 신자 중 테러리스트는 아주 드물다는 논리적 결론에 금세 도달할 수 있다. 그리고 테러나 무차별 살상 범죄를 저지르는 사람 중에는 이슬람이 아닌 다른 종교를 가진 사람도 많다. 그러니 '이슬람교의 문제'라는 인식과 주장은 왜곡된 것이다. 또한 21세기 들어서 세계 곳곳에서 테러가 발생한 이유의 이면에는 여러 국제 문제와 각 국가의 정치적, 사회적 상황 등이 있었으므로 테러를 무조건 이슬람과 연결하는 건 타당하지 않다. 반감을 표출한 사람들도 그런 인식과 주장이 논리적이지 않음을 알고 있었을 것이다. 때문에 울산에 정착하게 된 '특별기여자'들이 이슬람을 믿는 아프가니스탄 사람들이 아니었다면 '두 팔 벌려 환영했을까?'라는 의구심이 생긴다.

'타국에서 일어났던 일들'이 유럽에서 난민이 저지른 범죄를 일컫는 것이라면 그 또한 왜곡된 주장이다. 난민을 많이 수용하고 있는 독일에서는 2016년에 시리아와 아프가니스탄 출신 난민이 살상을 저지른 세 건의 강력 범죄가 잇달아 발생했다. 이에 대한 대대적 보도가 있었고 그들이 난민이고 이슬람 국가 출신이라는 점에 초점이 맞춰졌다. 그런데 그들이 그런 정체성을 가졌기 때문에 강력 범죄를 저지른 것은 아니었다. 그럼에도 그들의 사회적, 종교적 정체성이 부각됐고 난민 수용 정책에 반대하는 사람들이 우려했던 일이 발생했음이 은연중에 강조됐다. 한국 언론도 비슷한 논조의 보도를 했다. 난민을 포함한 이주민 수용에 반대하는 독일 보수 정치인들은 그들의 범죄가 급증해서 독일 사회가 위협받고 있다고 주장했고 많은 사람이 그런 주장을 지지했다. 그러나 경범죄, 중범죄를 막론하고 어느 사회에서건 범죄는 발생하고 종교나 민족 등 범죄자의 정체성과 범죄 행위가 특별히 관련이 있는 것도 아니다.

난민을 포함한 이주민 수용이 증가한 2014년 이후 독일 범죄 통계에서 범죄자 중 비독일인의 비율이 증가했다. 2018년 독일 내무부의 통계에 따르면 2017년 난민을 포함한 이주자는 독일 거주 인구의 2퍼센트였는데 범죄 비율은 전체의 8.5퍼센트를 차지했다. 독일인보다는 이주자가 범죄를 더 저지른 것이다. 그러나 통계에 가려진 다른 얘기도 있었다. 로어삭소니(Lower Saxony)주 범죄연구소의 한 전문가는 BBC와의 인터뷰에서 "난민 신청자든 유럽연합(EU) 국가 출신의 이주자든 그들은 평균 인구보다 젊고 대부분 남성이다. 어느 사회에서건 젊은 남성은 더 많은 범죄를 저지른다"고 지적했다. 이것은 독일 인구 중 젊은 남성을 따로 떼어내 범죄 비율을 조사하거나 이주자들과 독일인의 세대 비율을 똑같이 해서 범죄율을 조사한다면 다른 통계가 나올 수 있음을, 다시 말해 난민을 포함한 이주자들의 범죄 비율과 비슷하게 나올 가능성이 있음을 의미한다. 해당 전문가는 또한 난민 범죄 중에는 다른 난민에게 저지르는 범죄가 많다는 점, 그리고 반대로 난민이 범죄의 표적이 되는 경우 또한 많다는 점도 지적했다.

앞의 통계가 보여준 인상적인 점 하나는 시리아 같은 내전 국가에서 와 난민 지위를 받은 사람들의 범죄율이 다른 이주자들의 범죄율에 비해 훨씬 낮았다는 점이다. 2022년 독일 연방 범죄경찰국(Bundeskriminalamt, BKA)의 통계도 비슷했다. 이 통계에 따르면 독일 거주 이주민 중 가장 많은 시리아, 아프가니스탄, 이라크 출신 난민들은 다른 국가 출신보다 적은 범죄를 저질렀다. 예를 들어 시리아 출신 난민은 전체 이주자 세 명 중 한 명 정도로 많았지만 이주민 범죄자를 따지면 다섯 명에 한 명으로 적었다. 또한 통계는 2019년에서 2021년까지 3년 연속 난민과 이주자들의 범죄가 줄었고 난민과 이주자들의 피해 또한 감소했음을 보여줬다. 시간이 지나면서 난민들이 독일 사회에 적응하고, 다른 한편 독일의 난민 수용 정책이 개선된 결과로 짐작된다.

　난민 수용에 반대하는, 특히 이슬람 국가 출신 난민을 거부하는 사람들이 흔히 언급하는 사례가 독일이다. 독일이 유럽 국가 중에서 난민을 가장 많이 수용하고 있기 때문이다. 그러나 통계는 난민이 특별히 많은 범죄를 저지른다는 주장과는 다른 점을 보여준다.

　아프가니스탄 '특별기여자'들은 잠재적 범죄자로 의심을 받을 만한 어떤 조건도 갖추고 있지 않았다. 한국 정부와 일했고 극단적인 이슬람 신앙을 가진 탈레반에 반대했기 때문에 위험해졌다. 한국 정부가 그들을 특별 이송했고, 때문에 한국 정부의 초밀착 관리하에 있었다. 울산에서도 현대중공업이라는 대기업의 협력업체에 채용됐고 그곳의 지원과 동시에 관리를 받았다. 그런데도 '문제적 이방인'으로 여겨졌고 나아가 공격의 대상이 됐다. 심지어 아이들에게까지 잠재적 범죄자 딱지를 붙인 건 어떤 식으로든 정당화될 수 없는 심각한 공격이었다.

왜 난민을 난민이라 부르지 못하는가

　'특별기여자'는 정부가 함께 일했던 아프가니스탄 사람들을 데려오기 위해 만든 용어였다. 갑자기 아프간 전쟁이 끝나고 탈레반 정권이 복귀하자 많은 아프가니스탄 사람들, 특히 미국 등 서방 국가와 일했던 사람들은 두려움과 생명의 위협을 느꼈다. 미국의 동맹이자 파병까지 한 한국과 일했던 사람들의 상황도 마찬가지였다. 공항에는 탈출 행렬이 이어졌고 허둥대던 미국은 해외의 미군기지에 아프가니스탄 난민을 수용할 수 있다고 했다. 그러자 한국도 아프가니스탄 난민을 수용하는 것이 아닌지 많은 사람이 의문을 제기했다. 2021년 8월 24일 청와대 국민청원에는 '아프간 난민들에게 국경을 열어주세요'라는 청원과 '난민 받지 말아주세요'라는 청원이 나란히 올라왔다. 이틀이 지난 후 첫 번째 청원에 대한 동의는 1000여 명에 불과했지만 두 번째 청원에 대한 동의는 2만 2000명을 넘었다. 여론이 어느 쪽으로 기울어져 있는지 확실히 알 수 있었다. 사회관계망 등을 통해 난민 수용에 지지를 표한 사람들은 공격을 받았다. 난민 수용을 지지한 한 국회의원의 사무실에는 도를 넘는 언어폭력과 인격 모독이 섞인 항의 전화가 빗발쳤다. 이런 상황을 염두에 둔 듯 외교부는 정부가 이송하려는 아프가니스탄 사람들에 대해 "난민이 아니라 특별공로자로서 국내에 들어오는 것"이라고 강조했다.

유엔난민기구(UNHCR)는 난민을 "전쟁, 폭력, 분쟁, 박해를 피하고 타국에서 안전을 찾기 위해 국경을 넘은 사람"이라고 정의하고 있다. 이 정의에 따르면 정부가 말한 '특별기여자'는 탈레반의 폭력과 박해, 나아가 생명의 위험을 느껴 피신하려는 사람들이기 때문에 난민의 범주에 들어간다. 그러나 정부는 그들이 난민이 아님을 강조했다. 특별기여자에 맞는 체류 자격이 없어서 출입국관리법 시행령을 개정하기까지 했다. 그들을 '난민'으로 부를 경우 사회적 반대에 직면할 것을 우려하는 정부의 태도가 선명하게 드러났다. 정부는 2018년 제주도로 입국한 500명 이상의 예멘 난민 수용을 반대하는 국민청원과 시위로 온 나라가 시끄러웠던 상황을 떠올렸을 것이다. 당시 국민청원은 폭발적인 지지를 받았고 각종 여론조사에서는 50퍼센트 정도가 난민 수용에 반대하는 것으로 나타났다. 특히 질문을 '이슬람 난민'으로 구체화하자 '적대적'으로 여기는 답이 거의 70퍼센트까지 높아졌다.[*]

한국으로 들어올 아프가니스탄 사람들도 수백 명이고 이슬람 국가[**] 출신이니 똑같은 반대에 직면할 것이 불을 보듯 뻔했다. 그래서 정부는 그들의 한국행을 정당화하기 위해 그들에게 이슬람 신앙을 가진 난민이 아닌 한국을 위해 일한 '고맙고 특별한' 사람들이라는 새로운 정체성을 부여했다. 그리고 한국 때문에 위험에 처하게 된 상황을 강조하면서 그들을 한국으로

---

[*] 정주진, 「정주진의 평화 특강」, 철수와영희, 2019, 70~72쪽.
[**] 편의상 이 책에서는 이슬람 신자가 인구의 절대적 다수를 차지하는 국가를 '이슬람 국가'로 부르기로 한다.

이송해야 한다고 국민을 설득했다. 정부는 그렇게 하는 것이 국가의 품위를 지키고 위상을 높이는 것이라는 점도 강조했다. 이런 정부의 설득과 계획에 응답해 대다수 국민은 애국심과 자비심으로 '특별기여자'를 기꺼이 받아들이고 환영했다.

정부가 없는 법까지 새로 만들면서 '특별기여자'를 이송한 건 다른 면에서 보면 그들 외에 아프가니스탄 난민을 수용하지 않겠다는 강한 의지를 보여준 것이었다. '특별한' 사람에게만 선물을 주듯이 한국 이송을 약속하고 다른 난민은 외면하겠다는 것이었다. 이것은 국제사회에서의 책임을 외면한 것이었다. 한국은 2011년 12월 아시아 최초로 난민법을 제정한 국가고 그에 따라 난민을 수용할 책임이 있음에도 말이다.

정부가 급조한 '특별기여자'는 듣기에 좋은 말이었지만 이에 대해서 여러 문제가 제기됐다. 난민 지원 단체들과 전문가들은 정부의 그런 조치가 오히려 난민에 대한 부정적 이미지를 확산시킨다고 지적했다. 정부가 난민은 위험한 사람들이기 때문에 엄격하게 선별해야 하고 한국의 이익에 부합하는 '좋고 선한' 사람만 받아들여야 한다고 주장하는 것과 같았기 때문이다. 또한 '특별기여자'에게 어떤 면에서는 난민 지위를 받은 사람들보다 못한 권리를 부여했기 때문에 그들의 법적 권리를 보완하거나 차라리 정식 난민 자격을 부여해야 한다고 주장했다. 한가지 예로 정부가 '특별히' 보호한다는 이유로 오히려 그들을 통제했고 자유로운 외출, 다양한 정보 획득, 시민단체의 도움 요청 등의 기회를 차단했다고 지적했다. 또한 난민이 누릴 수 있는 권리인 '배우자 등의 입국 허가'가 인정되지 않았고 강제 송환 금지도 적용되지 않았다고 지적했다. '특별기여자'는 번 뜩이게 좋은 아이디어 같았지만 '난민을 난민이라 부르지 않겠다'는 의도로 만들어졌다. 이것은 정부가 나서서 난민을 '문제적 이방인'으로 낙인찍은 것과 같았다.

공포는 실재하는가

아프가니스탄 사람들의 정착을 반대한 국민청원은 '치안과 안전' 문제를 지적했고 시민제안에 대한 많은 댓글에서도 그 점이 지적됐다. '치안과 안전' 문제의 지적은 울산 동구 주민들이 난민을 잠재적 범죄자로 생각하고 있음을 보여주었다. 이것은 예멘 난민 수용에 반대하는 사람들이 지적했던 점이기도 하다. 당시에 이런 주장을 정당화하기 위해 난민 중에 무장 대원이 있다거나 성범죄를 저질렀다는 가짜 뉴스를 지어내 확산시킨 사람들도 있었다.

왜 많은 한국인이 난민을 위험한 잠재적 범죄자로 생각하는 것일까? 난민 중 다수가 이슬람 신자이기 때문일까? 그럼 한국에 관광객으로 오는 이슬람 신자들도 위험한 잠재적 범죄자로 봐야 하는가? 아니면 난민이 되면 인간의 품성이 완전히 변한다는 건가? 그럼 난민과 비슷한 재난을 겪은 사람들도 모두 잠재적 범죄자인가? 어떤 논리로도 시원하게 사실상 난민인 아프가니스탄 특별기여자들이 왜 위험한지 설명이 되지 않는다. 더군다나 그들의 경우 상당수는 어린이와 영유아였는데 말이다. 그리고 성인들은 한국 정부의 면접과 신원 확인을 거쳐 고용됐던 사람들이거나 그들의 배우자였는데 말이다.

'치안과 안전' 문제의 언급은 난민 수용에 대한 불안과 걱정에서 나온 것으로 여겨진다. 실제로 많은 댓글과 인터뷰 기사를 보면 '걱정된다'는 말을 자주 접할 수 있었다. 이런 걱정은 '공포'라는 말로 설명될 수 있다. 실제로 많은 사람이 난민 수용 반대를 정당화하기 위해 '난민 공포'라는 말을 쓴다. 난민이 실제로 공포의 대상임을 강조하는 것이다. 공포는 '두렵고 무서움'이란 의미를 가지고 있으며 알지 못하는 것, 그리고 자신에게 해를 끼칠 것으로 생각되는 현상, 생물체, 사람 등에 대해 느끼는 감정이다. 공포는 그것들을 전혀 제어할 수 없을 정도의 무력감을 느낄 때 극대화된다. 국민청원 게시자는 '치안과 안전'을 언급하며 난민이 범죄를 저지를 것이고 자신이 그런 범죄를 통제하지 못하고 피해를 입을 것이라는 두려움을 은연중에 강조했다. 시민제안 게시자는 한 초등학교로 25명의 아프가니스탄 학생들이 배정된 점을 지적했고 구체적으로 한국 학생들이 "종교, 사상, 문화" 등을 흡수해 "피해"를 입게 될 것임을 언급하며 공포심을 드러냈다.

그렇다면 정말 난민은 공포의 대상으로 여겨야 할 정도로 영향력을 가졌거나 통제 불능의 사람들인가? 한국 사회는 그들을 통제할 수 없을 정도로 외국인 관리 체계와 치안이 엉망인가? 난민에 대한 공포를 설명하려면 이런 질문들에 대한 답을 구해야 한다. 그런데 답을 찾기는커녕 고개를 갸우뚱하지 않을 수 없다. 한국은 다른 사회에 비해 범죄율이 낮고 치안도 좋은 편이다. 한국인을 대상으로 한 난민 범죄가 보고된 적도 없다. 또한 집단을 이뤄 영향력을 행사할 만큼 난민이 많지도 않다. 울산의 한 초등학교에 다니게 된 아프가니스탄 특별기여자 자녀들의 경우를 보자. 그들이 한국 학생들에게 공포심을 일으킬 정도로 압도적인 힘을 가졌는가? 25명의 학생이 수백 명 한국 학생들의 사상, 문화, 심지어 종교에 지대한 영향을 미칠 수 있단 말인가? 물론 아프가니스탄과 한국 학생들이 접촉을 넓혀 간다면 그들 사이에서 문화와 인식의 교류가 일어날 수 있다. 그건 이질적인 문화를 가진 사람들 사이에서 자연스럽게 일어나는 문화 교류와 상호 이해의 향상이다. 영국, 미국, 캐나다 등 많은 사회에서 흔히 있는 일처럼 말이다. 실상은 그렇지도 않지만 아프가니스탄 학생들이 남에게 피해를 줄 정도로 위험하다면 한국 학생들은 손톱만큼의 단점도 없이 완벽하고 서로 아무런 부정적 영향도 끼치지 않는단 말인가? 한국 학생들 사이에서는 나쁜 점이나 단점과 관련해서는 아무런 교류도 일어나지 않는다는 얘기인가? 현실은 당연히 그렇지 않고 장점과 단점을 불문하고 아이들 사이의 교류는 교육과 사회화 과정에서 자연스럽게 있는 일이다. 이런 자연스러운 교류조차 염려가 된다면 학교를 보내지 않고 홈스쿨링을 하는 수밖에 없다.

그럼에도 난민이 범죄를 저지를 가능성 자체를 배제할 수 없고, 그러므로 난민에 대한 공포가 있을 수 있다는 주장을 할 수 있다. 그리고 그런 걱정을 가진 사람들이 공포심을 느끼는 건 그들의 감정이기 때문에 인정해야 한다고 말할 수 있다. 특히 생소한 국가 출신의 외국인과 타 문화에 대한 경험이 없는 사람은 충분히 그런 걱정을 할 수 있다고 주장할 수 있다. 그런데 생각해보자. 범죄는 어느 집단에서나 생긴다. 한국은 범죄 청정 사회도 아니고 세상에 그런 사회는 없다. 당연히 한국 사회에서도 난민이 저지르는 범죄가 생길 수 있다. 그런데 난민이 범죄를 저지른다면 이유는 난민이어서가 아니라 다른 사람들처럼 사회 안에서 다양한 관계를 맺고 살기 때문이어서일 것이다.

걱정과 관련해서는 그것이 정말 걱정인지 곰곰이 생각하고 따져 볼 필요가 있다. 카롤린 엠케(Carolin Emcke)는 그녀의 저서 『혐오사회(Gegen Den Hass, 2016)』에서 '걱정하는 시민들'이란 표현에 대해 언급한다. 이것은 독일에서 난민 유입과 포용에 반대하며 시위하는 사람들이 자신들을 일컫는 표현이다. 그녀는 "걱정이란 것은 근거가 있을 수도 없을 수도 있고, 적절하거나 부적절할 수도 있으며, 합리적일 수도 과도할 수도 있는 감정"이라고 지적한다. 그런데 그들은 이런 점을 인정하지 않고 공적 논의에서 설득력을 보장받으려고 '걱정'이란 단어를 사용한다고 말한다. '걱정'이란 단어를 써서 난민 수용에 반대하는 본심을 은폐하고 외국인 혐오를 그 단어로 감싸 비판을 막아내려고 한다는 것이다. 이어서 그녀는 "자신을 보호해야 한다는 핑계로 다른 사람들을 거부하는 것과 걱정은 분명히 다르다"고 말한다.* 그녀는 '걱정'과 '시민'이란 말을 사용하는 사람들이 난민에 대한 혐오의 감정을 위장하고 자신들을 독일 사회를 걱정하는 선량한 시민으로 홍보하며, 적절한 보호를 받지 못하고 무방비로 위험에 노출된 약자인 것처럼 행동한다고 지적한다.

난민에 대한 공포는 정말 실재하는 것일까? 물론 개인의 성향이나 경험에 따라 낯선 사람과 문화에 대해 공포를 느낄 수 있다. 그런데 정말 공포를 느끼는 사람은 그런 감정을 공격적으로 표출하기 힘들다. 공포가 대상에 대한 두려움에서 비롯

---

* 카롤린 엠케, 『혐오사회 : 증오는 어떻게 전염되고 확산되는가』, 정지인 옮김, 다산초당, 2017, 50~52쪽.

난민에 대한 공포는 정말 실재하는 것일까? 물론 개인의 성향이나 경험에 따라 낯선 사람과 문화에 대해 공포를 느낄 수 있다. 그런데 정말 공포를 느끼는 사람은 그런 감정을 공격적으로 표출하기 힘들다.

되기 때문이다. 난민은 두려움의 대상이 아니라 기피의 대상이다. 난민 수용과 정착에 반대하는 사람들은 난민이 자기 삶의 영역인 국가와 지역사회에 들어와 이웃이 되고 자기 눈에 뜨이게 되는 상황을 극도로 싫어한다. 이것은 두려움에서 비롯된 공포가 아니라 증오와 미움에서 비롯된 혐오의 감정에 더 가깝다.

이슬람 신자는 폭력적인가

대구에 이슬람 사원 짓는 얘기를 작년 뉴스로 접한 적이 있습니다. 울산 동구 또한 그런 일이 없을 것이라고 생각하지 않고 곧 있을 내용이라 생각이 듭니다.

아프가니스탄 특별기여자의 울산 정착에 반대하는 시민제안에 포함되어 있는 내용이다. 이 제안의 핵심은 특별기여자 자녀들 모두가 한 초등학교에 배정된 것을 철회하고 분산시켜달라는 것이다. 그런데 갑자기 대구의 이슬람 사원 건축 문제가 언급되고 그에 반대하는 견해를 드러낸다. 왜 상관없어 보이는 이슬람 사원 건축 문제를 언급했을까? 문장을 통해 이해할 수 있는 건 이 제안에서는 그것 또한 중요한 문제라는 점이다. 그리고 분산 배정을 제안하게 된 근본적인 이유는 주변에 이슬람 신자의 공동체가 형성되고 이슬람 종교와 문화가 지역사회에 정착하게 되는 것에 대한 반대 때문임을 알 수 있다. 한국 사회에서 이슬람 신자들이나 공동체를 접해본 경험을 가진 사람은 극소수인데 왜 많은 사람이 서슴없이 그들에 대한 반감과 심지어 혐오감을 드러내는 것일까?

많은 한국인이 극도로 싫어하는 대상이 종교와 문화로서의 이슬람인지, 아니면 이슬람 신앙을 가진 사람인지는 분명치 않다. 그런데 대부분 여행지에서 대면하는 이슬람 문화나 부유한 이슬람 국가들, 그리고 한국에 오는 이슬람 여행자들을 부정적으로 보거나 거부하는 경우는 거의 없다. 이것은 반감과 혐오의 대상이 결국은 여러 가지 이유로 한국에 머물거나 정착하는 이슬람 신자들과 그들과 함께 들어오는 종교와 문화임을 말해준다. 일시적으로 대면하거나 접촉하는 건 괜찮지만 그들이 이웃이 되고 그들의 종교와 문화가 한국 사회에 정착 및 확산되는 건 싫다는 얘기다. 그중 이슬람 신앙을 가진 난민에 대한 적대감이 가장 크다. 이유는 학생, 사업가, 이주노동자 등과는 다르게 난민은 한국 국민이 낸 세금을 축내는 사람들이라고 생각하기 때문이다. 그런데 무엇보다 가장 큰 이유는 그들이 전쟁과 테러가 있는 국가에서 왔으므로 폭력적이라고 생각하기 때문이다. 이런 생각과 주장을 정당화하기 위해 이슬람 종교 자체가 폭력적이라는 왜곡된 정보를 확신시킨다.

여러 신문 보도, 국민청원과 시민제안, 그에 달린 댓글, 난민 반대 블로그 등을 통해 볼 수 있는 이슬람에 대한 왜곡된 정보 중 가장 두드러진 것은 이슬람과 테러를 연결하는 것이다. 2001년 9월 이슬람 무장 단체인 알 카에다가 미국에서 9.11 테러를 저지른 이후 많은 세계인이 '이슬람=테러'라는 등식을 만들어냈다. 당시 미국의 유치원과 초등학교에서는 이슬람 국가 출신 아이들을 '테러리스트'라고 부르는 일까지 있었다. 그 후 일어난 아프간 전쟁, 이라크 전쟁, 시리아 내전, 그리고 난민 증가 등으로 인해 이슬람 국가에 대한 부정적 이미지가 확산됐다. 극도로 잔인한 IS(Islamic State)의 등장, 그리고 이슬람 무장 단체와 동조자들의 잇단 테러로 이슬람의 이미지는 더욱 악화됐다. 그러나 앞서 언급한 것처럼 테러를 저지르는 사람은 이슬람 신자 중 극히 소수고 이슬람 신자만 테러와 대량 살상 범죄를 저지르는 것도 아니다. 이슬람 무장 단체들이 많아서 테러리스트 중에 이슬람 신자가 많은 건 사실이다. 하지만 그들은 왜곡된 이슬람 신앙을 가진 자들로 일반적인 이슬람 신자들과는 다르고 이슬람 사회에서도 비난의 대상이다. 무장 단체와 테러 공격으로 가장 큰 피해를 입는 건 바로 이슬람 신자들이기 때문이다. 아프가니스탄, 시리아, 이라크, 예멘, 소말리아 등의 내전과 그곳에서의 빈번한 테러 발생이 이를 잘 말해준다.

난민은 그런 상황의 피해자들이다. 그러므로 내전과 테러가 있는 곳에서 온 난민이 폭력적이라 단정하고 그들을 테러와 연결하는 건 합리적이지 않다.

이슬람에 대한 또 다른 왜곡된 정보는 이슬람 남성들이 여성을 억압하고 여성에게 폭력적이라는 것이다. 많은 사람이 이슬람 경전인 코란에 일부다처제가 명시되어 있다는 점과 이슬람 사회에서 여성 억압과 피해가 심한 점이 그 증거라고 주장한다. 코란에 "둘, 셋, 또는 넷의 여성과 결혼"할 수 있다는 내용이 있는 건 맞다. 그러나 바로 다음에 "아내들을 공정하게 대할 수 없다면 한 명과만 결혼"해야 하고, 그것이 자신이 부당한 행동을 하지 않도록 예방하는 것이라는 내용이 있다. 그런데 이런 일부다처제는 전쟁에서 많은 남성이 사망한 후 남겨진 과부와 아이들에 대한 돌봄과 관련해 언급된 것이었다. 또한 일부다처제는 이슬람 탄생 이전부터 아라비아 반도에서 광범하게 행해지던 풍습이었다. 물론 다른 지역에서도 일부다처제는 흔한 일이었다. 그러나 많은 이슬람 종교 지도자들과 학자들은 일부다처제를 지지하지 않는다. 또한 법으로 이를 금지하고 있는 이슬람 국가들도 있다. 그런데 일부다처제는 관습인 관계로 종교와 상관없이 많은 국가에서 여전히 허용되고 있다. 여성에 대한 폭력도 마찬가지다. 여전히 많은 사회에서 이슬람은 물론 기독교, 불교, 힌두교 등의 가르침을 핑계로 여성에게 폭력이 가해지고 있다. 여성에 대한 폭력은 종교의 문제를 넘어 사회가 여성 권리를 얼마나 존중하느냐, 여성에 대한 폭력을 얼마나 엄격하게 법적으로 사회적으로 제재하느냐에 따라 개선되고 사라지는 문제다.

이슬람 신자가 다수를 차지하는 이른바 이슬람 국가는 아주 많다. 아시아의 아프가니스탄, 파키스탄, 방글라데시는 인구 중 90~99퍼센트가 이슬람 신자다. 인도네시아의 인구 중 86퍼센트가, 말레이시아 인구 중에는 63퍼센트가 이슬람 신자다. 인도의 경우 인구 중 약 14퍼센트가 이슬람 신자인데 이는 거의 2억 명에 달하는 인구다. 우즈베키스탄, 키르기스스탄, 타지키스탄 등의 중앙아시아 국가들, 그리고 한국과 밀접한 관계인 튀르키예도 이슬람 국가다. 북아프리카의 모로코, 알제리, 이집트, 튀니지 등도 이슬람 국가다. 중동의 경우 대부분이 이슬람 국가인데 이들 중에는 사우디아라비아, 오만 같이 내전과 테러가 없는 국가도 있다. 유럽의 보스니아-헤르체고비나는 인구 중 51퍼센트가, 북마케도니아는 32퍼센트가 이슬람 신자다. 프랑스, 독일, 영국, 미국, 캐나다 등에도 많은 이슬람 신자가 있다. 그 외에 세계 곳곳에 이슬람 신자가 거주하고 있다. 이들의 종교적 생활 방식, 문화, 세계관은 사는 곳에 따라 조금씩 다르지만 다른 종교를 가진 사람들처럼 폭력을 지지하지도 숭배하지도 않는다는 점은 같다. 난민도 마찬가지다. 이슬람 국가 출신이라고 해서 폭력적일 것이라는, 그래서 범죄를 저지를 가능성이 있다는 건 심각한 인식의 오류다. 나아가 이것은 '외국인 혐오(xenophobia)'이자 '이슬람 혐오(Islamophobia)'로 인간에 대한 심각한 공격이다.

5 _____

노동조합은 사회악인가

노동자가
분신 사망하다

2023년 5월 1일, 강원도 강릉에서 한 노동자가 분신을 시도했다. 이날은 하필 공식적으로 '근로자의날', 다른 말로는 '노동절'이었다. 전신 화상과 심정지 상태였던 그는 응급처치 후 병원으로 이송됐으나 다음 날 사망했다. 이 노동자는 민주노총 건설노조의 강원건설지부 지대장이었다. 그는 채용 강요 등의 혐의로 검찰의 조사를 받고 있었고 분신 당일 오후 3시 구속 전 피의자 심문을 앞두고 있었다. 그는 유서에서 "정당하게 노조 활동을 했는데 집시법 위반도 아니고 '업무방해 및 공갈'이라니 자존심이 허락되지 않는다"고 썼다. 또한 "먹고살려고 노동조합에 가입했고 열심히 살았다. 그런데 오늘 제가 구속영장 실질심사를 받아야 한다. 억울하고 창피하다"고 했다.

2023년에 노동자의 분신이라니! 세상이 거꾸로 가고 있고 무언가 잘못되어가고 있음을 지적하는 듯했다. 많은 사람이 충격을 받았다. 정부와 정치권도 마찬가지였다. 고용노동부 장관은 "이런 불행한 일이 다시는 발생하지 않게 하겠다"고 했고, 야당은 "정부의 노조 탄압이 불러온 참극"이라고 했다. 시민단체들 또한 정부를 비판하며 "노조를 기득권 비리 세력으로 낙인을 찍고 정당한 노조 행위를 불법으로 매도한 탓에 벌어진 일"이라고 했다. 도대체 무슨 일이 있었던 것일까?

자기 몸을 불태우는 분신은 일반적인 자살과는 다르게 억울함을 호소하고 진실을 알리기 위한 저항의 의미를 담고 있다. 분신을 하는 사람은 진실을 알릴 길이 더는 없다는 생각에 자기 목숨을 내놓는 선택을 한다. 극단적인 방법을 써야만 세상이 조금이라도 자신의 상황과 진실에 관심을 가질 것이라 생각하기 때문이다. 보통 법적 제도와 절차, 그리고 사회적 규범과 상식의 적용 과정이 공정하지도 정의롭지도 않다고 생각할 때 그런 결정을 한다. 물론 거기에는 주관적인 판단이 포함될 수 있다. 그러나 이 분신과 관련해 야당과 시민단체, 그리고 언론과 전문가들은 같은 목소리로 정부의 노조 탄압을 비판했다. 이런 사실을 보면 분신한 노동자의 "억울하다"는 말이 주관적이지만은 않은 호소라는 생각이 든다.

비판의 목소리는 한결같이 정부가 노동조합을 '건폭'이라고 부르면서 조직폭력배 같은 '범죄 집단'으로 만들었다는 점을 지적했다. 정부가 건설 현장에 '법치를 확고히 세우겠다'며 무리하게 노동조합을 수사해 노동자가 억울함을 호소하며 분신하는 일까지 생겼다는 것이다. 법치를 바로 세우려면 기업과 노동자가 관련된 모든 문제를 들여다보고, 특히 건설 현장에 만연한 근본적인 문제를 해결해야 하는데 그것은 놔두고 그로 인해 생긴 문제만 '불법'으로 낙인을 찍어서 노동자들, 특히 노동조합에 속한 노동자들을 수사했기 때문에 생긴 일이라고 했다. 분신한 노동자가 속한 노동조합을 대리했던 변호사는 "정부가 건설업계의 특수한 노사 관계에 대한 고려 없이 무작정 형법의 잣대만 들이밀며 정상적 (노사)교섭까지 모두 불법화하고 있다"고 했다. 또한 정부가 업계의 문제를 알면서도 고치지 않고 노동조합만 공격하고 있다고 했다. 제시된 증거가 모두 회사가 진술한 것뿐이라는 점도 덧붙였다. 며칠 후 보도된 한 기사에 따르면 강원 지역 건설업체 관계자 15명이 숨진 노동자의 영장실질검사를 앞두고 처벌불원서를 써준 것으로 확인됐다. 수사기관은 이 업체들이 숨진 노동자로부터 협박과 강요를 당한 '피해자'라고 영장에 적었는데 정작 그들은 "노조 덕분에 고용을 편하게 했다"거나 "협박이나 강요는 없었다"고 썼다.[*] 여러 지적과 상황을 종합해서 보면 분신한 노동자는 정당한 노동조합 활동과 교섭을 했는데 '업무방해와 공갈' 혐의를 받자

"억울하다"고 했음을 알 수 있다.

분신한 노동자의 말은 주관적인 감정을 표출한 것이다. 변호사의 주장과 설명은 그가 노동조합을 변호했기 때문에 편향됐을 수 있다. 그리고 야당, 시민단체, 언론의 주장은 노동자가 목숨을 잃었기 때문에 정부의 책임을 강조한 것으로 이해할 수 있다. 그러나 한 가지 객관적인 사실이 있다. 그것은 정부가 건설노조를 '건폭'이라고 부르면서 '공갈과 협박'을 하는 집단이라는 딱지를 붙였다는 점이다. 그로 인해 건설노조는 조직폭력배의 오명을 뒤집어쓰게 됐다. 그것이 문제의 핵심이었다. 건설노조는 대통령과 국토교통부 장관이 건설노조를 '건폭', '공갈' 등의 모욕적인 표현으로 몰아간 것이 인권침해라며 국가인권위원회에 의견 표명을 요청했다.

노동조합에 대한 부정적 인식과 나아가 반감은 정부만 가지고 있는 게 아니었다. 많은 사람의 부정적 인식과 반감은 분신 사망 기사에 달린 댓글을 통해서도 적나라하게 드러났다.

"애초에 노동조합에 가입한 게 문제다."

"노동자들의 피를 빨며 기생하고 있는 노조 귀족 박멸하자!"

"너같은 놈들 때문에 세비가 낭비되고 있다. 국민은 불법을 저지르는 노

---

* 「분신 노동자, '건폭' 수사한 정부… 정작 피해 업체는 "처벌 말라" 탄원했다」, 〈경향신문〉 2023년 5월 9일.

조 단체에 관심이 없다."

"간첩들이 우글대며 비정규직 괴롭히는 곳이 노조다. 민노총 해체, 간첩 체포!"

댓글들은 아주 공격적이었고 한 사람의 죽음을 보도한 기사에 달린 것이라고 믿기 힘든 수준이었다. 건설노조가 현장에서 노동조합원들의 이익만 챙기고 다른 노동자들에게는 폭력적이라고 주장하는 댓글도 있었다. 많은 댓글이 노동조합에 대한 적대감을 드러내고 나아가 노동조합 자체를 부정하는 것들이었다.

노동조합 불인정은 정당한가

노동조합을 부정적으로 보는 사람이 많은 게 사실이다. 노동조합이라고 하면 제일 먼저 과격한 방식의 시위를 떠올리는 사람이 많다. 또는 노동조합이 자기들과 상관없는 정치 문제에 항상 딴지를 걸고 부정적으로 대응한다고 생각하기도 한다. 자기들 이익만 생각하고 전체 사회와 국민이 겪는 불편은 무시한 채 무리한 파업을 하는 집단, 같은 노동자라도 조합원이 아닌 노동자들의 문제에는 관심이 없는 집단, 또는 많은 조합원을 거느린 거대하고 비리가 많은 집단으로 생각하기도 한다. 이런 부정적인 인식과 인상은 각자의 세계관과 판단 기준에 근거하고 있다. 그에 따라 노동조합 활동에 대한 부정적 인식을 키우기도 하고 자의적인 해석으로 부정적 인상을 강화하기도 한다. 이것은 개인의 자유로운 선택과 판단에 따른 것이므로 타인이 문제를 제기할 수 없다. 그래도 이와 관련해 한 가지 중요한 점은 언급할 수 있다. 노동조합은 자기 이익, 다시 말해 노동조합에 가입된 조합원들의 이익을 위해 만들어진 것이고 그런 이익을 위해 법적인 테두리 안에서 자유롭게 활동한다는 점이다. 이에 대해서는 문제를 제기할 수 없다. 노동자*의 단결권, 단체교섭권, 단체행동권은 헌법 33조에 명시된 권리고 사회의 부정적인 인식과 인상을 감수하거나 고려하는 건 노동조합이 선택할 문제다.

개인적인 기준에 따라 노동조합 활동을 평가할 수는 있지만 노동조합을 인정하지 않는 건 정당할 수 없다. 노동조합의 결성과 활동은 모두 합법적이고 노동조합 자체를 부정하는 건 헌법을 부정하는 것이기 때문이다. 이는 정부가 건설노조를 '건폭'이라고 부르고 '조직폭력배' 취급을 한 것이 왜 문제인지를 말해준다. 정부는 그런 말을 통해 노동조합의 합법성을 부인하

---

* 헌법에는 노동자가 아니라 '근로자'로 되어 있다. 근로자는 '열심히 일하는 사람'이라는 의미로 고용자의 입장을 반영하고 있다고 생각해서 대다수 노동자는 이 용어를 선호하지 않는다.

고 노동조합을 사회에 해를 끼치는 불법적인 집단으로 취급했다. 모든 노동조합이 아니라 특정 노동조합에 대해서만 그런 것이라고 해도 문제다. 노동조합의 특정 행동을 문제 삼을 수는 있으나 노동조합 자체를 부인하는 건 정부로선 해서는 안되는 일이기 때문이다.

정치 성향에 상관없이 정부가 노동조합에 호의적인 경우는 드물다. 정부는 노동조합의 노동자 권리, 노동환경 개선, 임금 인상 주장과 파업 등이 기업의 생산성 향상을 방해하고 경제성장률에 부정적인 영향을 미친다고 생각한다. 철도, 버스와 지하철, 택배, 의료 노동자 등의 파업에는 더 민감하고 비판적이다. 정부는 이런 파업을 사회를 마비시키고 국민을 '볼모'로 잡는 행동이라고 비난한다. 어떤 정부는 이를 '불법 파업'이라고 부르면서 노동조합에 '불법 행동'을 중단할 것을 요구하기도 한다. 정부의 '불법' 딱지는 노동조합에 압력을 넣기 위한 여론 설득 전략으로 이용된다. 이런 정부의 전략에 답하듯 많은 사람이 파업을 진짜 불법적인 행동으로 생각하기도 한다. 그러나 파업은 헌법에 보장된 '단체행동권'으로 당연히 합법적인 행위다. 그러니 전략적으로라도 정부가 파업을 '불법'이라 부르는 건 정당하지 않다. 이런 말은 노동조합을 자극하고 노동조합과 정부의 관계를 악화시켜 대화를 통한 문제 해결을 어렵게 만든다.

노동조합이 합법적이라 해도 부정적 인식과 인상에 근거해

편향적으로 평가할 수 있다. 그런데 이것이 왜곡된 정보와 선입견에서 비롯된 것이라면, 그리고 비판이 아니라 존재의 부정과 공격에 맞춰진다면 정당하지 않다. 이것은 특정 집단과 그에 속한 개인 권리에 대한 침해이자 혐오감의 표출이기 때문이다. 또한 합법적인 활동을 불법이라고 주장한다면 노동조합에게는 억울한 일일 수밖에 없다. 이런 부정적 인식과 인상이 팽배한 이유 중 하나는 노동조합에 대한 이해의 부족 때문이라고 짐작할 수 있다. 고용노동부의 「2021년 전국 노동조합 조직 현황」에 따르면 노동조합에 가입하고 있는 노동자 비율은 전체의 14.2퍼센트다. 노동자 10명 중 1.4명만이 노동조합을 직접 경험하고 있다는 얘기다. 노동조합에서 탈퇴한 경우가 있을 수도 있지만 이는 대다수 노동자가 노동조합에 대해 잘 모르고 있다는 의미다. 노동자가 아닌 사람들 또한 주변으로부터 노동조합에 대해 잘 듣지 못하니 정부와 일부 언론이 언급하는 '불법 파업'과 그에 따른 부정적 이미지에 익숙해질 수밖에 없다.

노동조합을 과격한 시위나 국민에게 불편을 주는 파업을 하는 집단이라고 생각해 공격하고 사회에서 없어져야 할 '사회악' 취급을 하는 건 정당화될 수 없다. 이는 노동조합 활동에 대해 지지나 반대, 또는 비판 의견의 표출과는 달리 존재 자체를 거부하는 것이기 때문이다. 노동조합은 회사와의 협상에서 강경한 태도와 행동을 보이고, 정부 정책이나 법·제도와 관련해 비판적 목소리를 내곤 한다. 그런데 그건 고용주, 그러니까 기업도 마찬가지다. 각자 조금이라도 자신에게 유리한 상황을 만들고 협상을 하기 위해서다. 그런데도 비난과 부정적인 판단이 노동조합에만 집중되는 건 왜일까? 기업은 국가 경제의 근간이고 기업 활동이 노동조합으로 인해 방해를 받으면 국가 경제에 타격이 된다고 생각해서일까? 그렇다면 노동자 없이 기업의 생산 활동, 나아가 존재 자체가 가능할까? 이는 기업에 지나치게 친화적인 한국 사회의 태도, 그리고 정부의 정책 때문은 아닐까? 그리고 기업과 노동자가 대립적 관계이기 때문에 사회와 개인의 이익을 위해서는 둘 중 한 편을 지지해야 한다는 오해에서 비롯된 것은 아닐까?

"나라면 노동조합에 가입하겠다"

한국 노동자 중 14.2퍼센트만이 노동조합에 가입되어 있다는 고용노동부 통계는 여러 가지 질문을 하게 만든다. 노동조합에 가입하지 않는 건 노동자들이 회사에 만족하기 때문일까? 노동자의 권리가 잘 보장되고 노동환경이 좋기 때문일까? 고용주가 알아서 노동자를 충분히 존중하고 잘 대우하기 때문일까? 한국 회사가 그 정도로 노동자 친화적이었나? 가입을 안하는 특별한 이유가 있는 걸까? 이런 질문에 대한 답을 구하는 데 도움이 될 만한 흥미로운 통계가 있다. 앞서 언급한 고용노동부의 자료에 따르면 노동조합 가입률은 공무원의 경우 75.3퍼센트로 아주 높았고, 노동자가 300명 이상인 대규모 사업장의 경우 46.3퍼센트로 역시 높은 편이었다. 반면 노동자 30명 미만 사업장의 경우엔 0.2퍼센트, 30~99명 사업장은 1.6퍼센트에 불과했다. 100~299명 사업장은 10.4퍼센트였다.* 공공기관이나 대규모 사업장은 대체적으로 노동환경이 소규모 사업장보다 좋고 고용도 안정적이고 급료도 높다. 반면 소규모 사업장은 보통 대규모 사업장보다 노동환경이 상대적으로 열악하고 급료도 낮다. 그렇다면 소규모 사업장의 노동자들이 노동자 권리, 노동환경, 임금 인상 등에 더 관심이 많을 텐데 왜 노동조합 가입율은 낮을까? 이것은 노동자들이 노동조합에 대해 잘 모르거나, 노동조합에 대해 부정적인 인식을 가지고 있거나, 또는 노동조합 활동을 할 환경이 아니라는 짐작을 하게 한다. 소규모 사업장일수록 고용주의 눈치를 더 봐야 하기 때문일 수도 있다.

국제노동기구(International Labour Organization, ILO)의 통계에 따르면 세계적으로 노동조합 가입율이 가장 높은 국가는 아

---

* 고용노동부, 「2021년 전국 노동조합 조직 현황」, 13~15쪽.

이슬란드로 2019년 기준으로 91.4퍼센트였다. 같은 해 기준으로 덴마크는 67.0퍼센트, 스웨덴은 65.2퍼센트, 핀란드는 58.8퍼센트, 노르웨이는 50.4퍼센트를 나타냈다. 이들 국가들의 공통점은 삶의 질과 국민의 행복 지수가 높다는 것이다. 한국인들이 부러워하는 국가들이기도 하다. 높은 노동조합 가입율과 높은 삶의 질, 행복 지수가 얼마만큼 관계가 있는지는 알 수 없다. 그러나 다른 국가와 마찬가지로 이들 국가의 국민도 대부분이 노동자고 노동환경과 임금수준 등에 대한 만족도가 높지 않으면 삶의 질과 행복 지수 또한 높을 수 없을 것이다. 그러므로 노동조합 가입률이 어떤 식으로든 삶의 질과 행복에 영향을 줄 것이라는 짐작을 할 수 있다.

이와 관련해 사소해 보이지만 의문이 드는 점을 하나 지적하지 않을 수 없다. 앞에서 언급한 한국의 노동조합 조직률은 고용노동부가 2022년 12월에 공개한 자료에서 얻은 것이다. 이 자료 마지막에는 '주요국의 노동조합 조직률'이라는 제목으로 1988년부터 2021년까지 미국, 영국, 독일, 호주, 일본, 대만의 노동조합 가입률을 한국의 것과 함께 정리해놓고 있다. 이들 국가들의 2021년 노동조합 조직률은 대만이 33.2퍼센트로 가장 높고 영국이 23.1퍼센트, 미국이 10.3퍼센트, 일본이 16.9퍼센트였다. 독일과 호주의 자료는 몇 년 전 것으로 독일의 경우

2019년에 16.4퍼센트, 호주는 2018년도에 13.7퍼센트였다.[*] 이 자료는 노동조합 가입율이 높은 국가의 통계는 제시하지 않고 있다. 가입율이 높은 국가들이 '주요 국가'가 아니어서였는지 모르겠지만 신뢰할 만한 객관적인 자료로 보기가 힘들다. 가입율이 높은 국가들의 통계를 제시하지 않은 다른 이유가 있는지 궁금하다.

　한국 노동자들의 상황은 객관적으로 볼 때 열악하다. 이것은 자료를 통해서도 알 수 있다. 국제노동조합연맹(International Trade Union Confederation)의 2022년 세계권리지수(Global Rights Index) 보고서에 따르면 한국 노동자의 권리는 최하위 등급인 5등급 집단에 속해 있다. 5등급 아래에는 5+등급이 있지만 소말리아, 남수단, 시리아처럼 내전을 겪고 있는 국가들이다. 사실상 5등급이 최하위다. 5등급에 속한 국가들은 '노동자 권리 보장이 부재'한 곳으로 대부분 저개발국가와 개발도상국가 중에서도 노동자 권리가 몹시 열악한 국가들이다. OECD 국가 중 한국 외에는 이 등급에 속한 국가가 없다. 이것은 또한 4등급인 '체계적인 권리 침해'에 속한 많은 개발도상국보다 한국이 낮은 등급에 속해 있음을 말해준다. 3등급은 '일상적인 권리 침해', 2등급은 '반복적 권리 침해', 1등급은 '산발적인 권리

---

[*]　고용노동부, 「2021년 전국 노동조합 조직 현황」, 33쪽.

노동조합을 과격한 시위나 국민에게 불편을 주는 파업을 하는 집단이라고 생각해 공격하고 사회에서 없어져야 할 '사회악' 취급을 하는 건 정당화될 수 없다. 이는 노동조합 활동에 대해 지지나 반대, 또는 비판 의견의 표출과는 달리 존재 자체를 거부하는 것이기 때문이다.

침해' 국가로 구분되어 있다.

경제 수준과 국제사회에서의 위상을 본다면 한국은 1등급이어야 하지만 몹시 부끄럽게도 5등급에 속해 있다. 객관적 상황이 이런데도 노동조합 가입율이 낮은 건 왜일까? 계속 질문을 하게 된다. 노동조합에 대한 정부, 사회, 기업의 부정적 인식과 인상이 강해서일까? 노동조합에 대한 신뢰가 없어서일까? 노동자들이 노동조합이 필요가 없다고 생각해서일까? 설마 노동조합이 불법적인 집단이라고 생각해서일까? 미국의 오바마 전 대통령은 "내 가족의 생계를 보장할 좋은 직업을 원하는가. 누군가 내 뒤를 든든하게 지켜주기를 바라는가. 나라면 노동조합에 가입하겠다"라고 말했다. 오바마의 발언은 노동조합이 노동자 권리와 이익을 위해서 합법적으로 존재하고 노동자에게 반드시 필요하다는 점을 강조하고 있다.

노동자가 국가 경제를 염려해야 하나

노동자는 노동력을 제공한 대가로 임금을 받는 사람이다. 임금 외에도 자아실현, 자기 개발과 능력 향상, 사회 기여, 명예와 노동자로서의 존중 획득 등을 위해 노동을 한다. 하지만 노동자가 어떤 상황에서도 절대로 포기할 수 없는 건 정당한 임금을 받고 그것으로 안정적인 생활을 하는 것이다. 혼자만의 노력으로 이런 목표를 실현하기 어려울 때 노동자들은 노동조합을 결성한다. 즉 노동조합은 노동자의 기본적이고 절대적인 필요를 충족하기 위해 만들어진다. 다른 많은 이익집단처럼 노동조합도 자기 이익을 위해 사회에 해를 끼치는 일은 하지 않아야 한다는 사회적, 윤리적 책임을 가지고 있다. 그런데 '사회에 해를 끼친다'는 말이 왜곡되고 부적절하게 쓰이는 경우가 있다. 노동자가 아닌 기업 또는 사회의 이익에 초점을 맞춰 노동자의 행동을 해석할 때 그렇다.

2022년 6월 7일 공공운수노조 화물연대본부(이하 화물연대)가 총파업을 시작했다. 화물차 노동자들의 노동조합인 화물연대의 핵심 요구 사항은 안전운임제* 일몰제** 폐기였다. 수출입 컨테이너와 시멘트 품목에 적용되던 안전운임제는 2022년 일몰제에 따라 자동 폐기될 예정이었다. 화물연대는 안전운임제가 연장되고 다른 품목에도 확대되길 원했다. 우크라이나 전쟁의 여파로 5월에 경유값이 리터당 2000원을 돌파하면서 화

---

* 화물차 기사에게 적정 운임을 보장해 과로·과속·과적 운행을 방지하고자 도입된 제도다. 수출입 컨테이너·시멘트 품목에 한해 3년(2020~2022년) 동안 시행됐다. 화물 기사에게는 최저임금제도 같은 것으로 기준 임금 이하를 주는 화물주는 과태료를 물게 되어 있었다.
** 시간이 되면 해가 지듯이 일정 시간이 지나면 법률이나 각종 규제의 효력이 자동적으로 없어지도록 하는 제도다. 제정 당시와 상황이 달라졌음에도 법률이나 규제가 지속되는 것을 막기 위해 만들어진 제도다. 법률이나 규제가 계속 필요한 경우에 연장을 하지 않으면 법과 규제의 효력이 상실되고 피해가 발생할 수 있다. 화물연대는 안전운임제가 계속 필요했기 때문에 일몰제 폐지를 요구했다.

물차 기사들의 수입이 대폭 준 것도 파업에 영향을 미쳤다. 파업이 시작된 후 화물연대와 정부는 대화를 시작했고 양측은 안전운임제를 지속적으로 논의하기로 합의했다. 그 결과 파업은 6월 14일 종료됐다. 그러나 안전운임제에 대한 정부와 국회의 논의는 진행되지 않았고 화물연대는 11월 24일 2차 총파업을 시작했다. 파업 시작 후 화물연대와 정부는 대화를 했지만 양측의 입장이 팽팽해 아무런 성과를 보지 못했다. 정부는 강경대응을 천명했고 결국 한국 역사상 처음으로 11월 29일 '업무개시명령'*을 발동했다. 12월 8일에는 철강·석유화학 운송 화물 노동자들에게 2차 업무개시명령이 내려졌다. 12월 9일 화물연대는 조합원 투표로 총파업을 종료했다.

파업과 직접 관련된 주요 집단은 화물연대, 정부, 화물주 회사 셋이었다. 화물연대와 나머지 둘은 완전히 상반된 입장을 고수하며 대립했다. 화물연대는 정당한 노동의 대가와 생활 유지를 위한 적정한 임금을 요구했다. 안전한 노동환경도 요구했다. 안전운임제는 완벽하진 않지만 이런 요구를 어느 정도 충족시킬 수 있는 제도였다. 화물연대는 수입을 늘리기 위해 과

---

* 업무개시명령은 동맹휴업이나 파업이 국민 생활이나 국가 경제에 심각한 위기를 초래하거나 초래할 것으로 판단될 때 강제로 영업에 복귀하도록 내리는 명령이다. 화물연대에 대한 업무개시명령은 화물차운수사업법 14조에 따라 국토교통부 장관이 운송 사업자나 운수 종사자에게 내릴 수 있다. 정당한 사유 없이 복귀 의무를 따르지 않으면 운행 정지, 자격 정지 등의 행정처분과 3년 이하의 징역이나 3000만 원 이하의 벌금 등 형사처벌을 받을 수 있다. 업무개시명령은 노동기본권 및 국민이 누려야 할 기본권을 침해할 수 있다는 우려가 있다.

도하게 짐을 싣거나 과속을 하시 않고 피로에 시달리지 않는 노동환경을 위해 반드시 안전운임제가 필요하다고 주장했다. 정부는 안전운임제는 나중에 논의하고 당장 파업을 중단할 것을 요구했다. 산업과 국가 경제가 입는 타격이 크다는 이유에서였다. 원자재와 물품 등 화물을 운송해야 하는 업주도 산업활동에 큰 차질이 생긴다는 이유로 파업 중단을 요구했다. 그러나 화물연대는 6월 파업 때 정부가 합의한 내용을 지키지 않았던 것처럼 파업을 중단하면 안전운임제가 폐기될 것을 우려해 파업을 계속했다.

정부는 파업을 중단시키기 위해 화물연대에 압력을 가했다. 화물연대가 사실은 노동자가 아닌 화물차를 소유한 개인사업자들이 만들었기 때문에 노동조합으로 인정되지 않는다고 주장했다. 또한 일부 조합원들과 비조합원들 사이 물리적 충돌이 발생한 것을 지적하면서 화물연대를 불법을 저지르는 폭력 집단으로 취급했다. 정부는 화물연대 파업으로 '천문학적인 경제적 피해'가 발생했다며 국가 경제에 큰 손실을 끼치고 있다고 강조했다. 이런 주장에 대해 화물연대는 화물차주들이 사실상 회사에 종속돼 일하기 때문에 특수고용노동자로 인정된다고 주장했다. 법원은 이미 특수고용노동자를 노동조합법상 노동자로 인정하는 판결을 했다. 또 국제노동기구는 이미 2012년에 한국 정부에 화물 노동자 등 '자영업'을 포함한 모든 노동자가 사전 승인 없이 원하는 노동조합에 가입할 수 있는 권리와 결사의 자유를 온전히 향유할 수 있게 조치를 취하도록 권고했었다.

이런 상반되는 주장과 대립 속에 정부는 과거 어느 정부도 하지 않았던 업무개시명령을 발동했다. 이것은 화물연대의 강한 저항은 물론 사회적 논란을 불러일으켰다. 화물연대 조합원들을 노동자가 아닌 개인사업자라고 주장하고 그에 따라 화물연대를 노동조합으로 인정하지 않는 정부 주장과 모순되는 것이었기 때문이다. 정부는 업무개시명령으로 개인사업자들에게 강제로 노동을 하게 하고 어길 경우 형사법에 따라 처벌을 받도록 한 것이었다. 또한 화물운송 사업은 필수적인 공공 서비스가 아니고 파업으로 인해 국가 비상사태가 발생하지도 않았는데 업무개시명령을 내린 것이었다. 다른 한편 화물연대가 노동조합이라면 정부가 헌법에 보장된 노동자의 권리를 침해한 것이었다. 이런 모순 때문에 업무개시명령은 노동자들은 물론 전문가들의 비판을 받았다.

정부가 화물연대 파업에 대한 강경 대응의 이유로 내세운 산업과 국가 경제에 피해를 준다는 주장과 관련해 여러 질문이 떠오른다. 노동자는 노동에 대한 정당한 대가를 받지 못하고 위험에 처한 상황에서도 산업과 국가 경제를 먼저 염려해야 하나? 정부와 회사는 노동자에게 산업계의 이익과 국가 경제를 먼저 생각하라고 강요할 수 있나? 물론 노동자의 이익만큼 산업과 국가 경제도 중요하다. 산업 활동이 안정적으로 이뤄져야 노동자도 일을 할 수 있다. 그러나 개인의 이익을 포기하고 산업계와 국가를 먼저 생각하라고 강요하는 건 개인의 선택과 권리, 그리고 국민의 안전하고 행복한 생활을 보장해야 하는 정부의 책임을 강조하는 헌법의 내용과 민주주의의 가치를 거스르는 것이다. 그러므로 국가 경제에 타격이 되는 파업이 있다면 정부가 할 일은 대화를 통한 설득과 협상이다. 그러나 정부는 화물연대와 두 차례 짧게 만났고 입장 차이만 언급하면서 대화의 문을 아예 닫아버렸다. 입장 차이가 있는 건 당연하고 그래서 대화와 협상이 필요한데도 말이다. 그리곤 파업 시작 일주일도 되지 않아 업무개시명령을 내렸다. 국제노동기구는 한국 정부에 공문을 보내 "업무 복귀 명령이 노동자의 결사를 자유를 제한한다"며 "평화적인 파업에 참여한 노동자에 대해 형사 제재를 가해서는 안 된다"고 강하게 문제를 제기했다. 정부는 이 공문을 "단순한 의견 조회에 불과하다"며 무시했다. 정부는 화물연대를 폭력 집단으로 취급하고 파업이 "국가와 국민을 위협"하고 그로 인해 "천문학적 피해"가 발생했다면서 여론을 설득하는 데 주력했다.

노조는
사회악인가

화물연대 파업에 대한 정부의 강경 대응은 노동조합에 대한 정부의 부정적 인식을 가감 없이 드러낸 것이었다. 정부는 화물연대에 대해 '불법', '조폭', '귀족노조' 등의 표현을 썼고 파업을 '북핵 위협'처럼 위험하다고 주장했다. 여당 의원들은 노골적으로 노조를 '폭력 집단'으로 부르면서 혐오 발언을 했다. 정부든 여당이든 노동조합과 파업에 대해 부정적 인식을 가질 수 있고 노동조합의 행동을 비판할 수도 있다. 그러나 헌법으로 보장된 권리에 따라 만들어진 노동조합을 불법 폭력 집단으로, 노동자의 권리 중 하나인 파업을 국민과 국가를 위협하는 폭력 행위로 부르는 건 안 된다. 국민의 권리를 침해하는 것이기 때문이다. 또한 한국이 비준한 국제노동기구의 협약을 위반하는 것이기도 하다. 이것은 한국이 국제 규범을 어기고 민주주의 사회의 가치와 원칙을 포기하는 것이 된다.

정부가 화물연대 파업에 강경하게 대응할 수 있었던 이유 중 하나는 여론의 지지였다. 많은 사람이 정부의 강경 대응과 왜곡된 주장을 지지했다. 화물연대의 파업이 국가 경제와 산업 활동에 피해를 주는 불법 행동이라는 정부의 주장에 동의했고 자신들의 생활까지 불편하게 만든다는 이유로 비난했다. 나아가 자신의 부정적인 인식과 인상에 근거해 노동조합의 존재 자체를 부정했다. 폭력적인 언어를 쓰면서 혐오감까지 드러냈다. 전체 노동조합이 아니라 '폭력적'인 화물연대에만 그랬다는 변명을 할지도 모르겠다. 그런데 노동조합의 활동 방식을 비판할 수는 있지만 헌법에 보장된 권리에 따라 만들어진 노동조합을 개인의 선호도에 따라 선별적으로 인정 또는 불인정할 수는 없다.

정부와 파업 반대자들의 표현을 보면 그들이 노동조합을 '사회악'처럼 취급하고 있음을 알 수 있다. 노동조합의 활동과 파업이 사회를 위기에 빠뜨리고 많은 사람에게 피해를 준다는 이유에서였다. 그렇다면 사회악은 무엇인가? 사회악은 폭력, 범죄, 마약 등 사회에 해를 끼치는 것으로 반드시 제거되어야 한다. 노동조합이 과연 그런 집단인가? 그렇다면 헌법은 그런 사회악을 왜 권리로 인정하고 있는가? 생활수준이 높아서 세계인이 부러워하는 북유럽 국가들에서는 왜 노동조합 가입률이 높은가? 미국 대통령은 왜 나라면 노동조합에 가입하겠다고 했는가? 이런 질문들을 할 수밖에 없다. 결론은 정부와 노동조합 반대자들의 주장 또는 바람과는 달리 노동조합은 제거해야 할 사회악이 아니다. 오히려 노동조합은 노동자들의 안전을 위협하고 안정적인 삶을 방해하는 사회악, 다시 말해 노동자의 권리는 무시하고 사업주의 이익만 보호하는 사회의 구조와 문화, 노동자의 생명을 위협하는 사업주의 편법과 느슨한 법적 처벌, 제공된 노동력에 비해 턱없이 적은 임금 지급을 합법화하는 법과 규제 같은 사회악의 세서를 주장한다. 그래야 모든 노동자가 존중받으며 행복하게 살 수 있기 때문이다.

화물연대 파업과 관련해 정부와 노동조합 반대자들이 쏟아낸 말들을 보면 노동자에 대한 왜곡된 인식을 확인할 수 있다. 생활 유지를 위해 노동력을 제공하고 임금을 받는 노동자의 최우선 관심사는 임금수준과 노동환경이다. 제공한 노동에 비해 임금이 적고 노동환경이 열악하면 당연히 문제를 제기할 수밖에 없다. 그런데 많은 사람이 노동자를 국가 경제와 산업 발전을 위한 도구로 여기거나, 국가 경제에 대한 기여를 노동자의 가장 중요한 역할이자 의무로 생각한다. 그런 사람들은 임금수준과 노동환경에 대한 노동자들의 문제 제기가 적절하지도 바람직하지도 않다고 주장한다. 노동자가 자기 이익을 위해 파업을 하는 행위는 국가 경제와 산업에 막대한 타격을 주기 때문에 해서는 안 되는 일이라고 말한다. 노동자의 권리와 이익이 아니라 국가 경제와 산업의 이익을 중심에 놓기 때문이다.

노동자를 경제 발전의 도구로 생각하는 사람들은 국가 경제가 위축되고 기업이 어려움에 처하면 노동자의 임금을 동결하거나 삭감하는 게 당연하다고 생각한다. 물가와 에너지 가격이 상승하고 그로 인해 노동자의 실질임금이 깎여도 국가 경제의 침체를 막고 기업의 이익을 보존하기 위해 제일 먼저 임금을 손봐야 한다고 주장한다. 반면 정부와 기업에는 적극적인 대책과 살을 깎는 듯한 노력을 요구하지 않는다. 왜 그럴까? 노동자를 가장 만만한 존재로 보고 임금 동결이나 삭감이 가장 쉽고 효율적인 대책이라고 생각하기 때문이 아닐까? 이는 사실 노동자가 없으면 국가 경제와 산업이 작동되지 않음을 의미한다. 노동자가 산업과 국가 경제의 핵심 요소라는 얘기다. 그런데도 노동자를 대우하지 않고, 노동자의 권리를 무시하고, 노동조합 활동을 '불법'인 것처럼 왜곡하는 이유는 무엇일까? 노동자가 정부와 기업의 통제와 요구대로 움직이는 존재로 남아 있기를 바라는 헛된 희망 때문은 아닐까? 노동조합을 '사회악'으로 만들면 권리를 주장하는 노동자들이 줄어들고 사회가 편안해질 거라는 착각을 하는 것은 아닐까? 그런 사회는 결국 다수가 행복하지 않은 사회일 텐데 말이다.

6_____

외국인 노동자는 왜 만만한가

착취를
공론화하다

2023년 3월 21일 조정훈 국회의원이 최저임금을 적용받지 않는 외국인 가사도우미 도입을 위한 법안을 대표로 발의했다. 조 의원은 "청년 입장에서 저출산 해법을 찾기 위한 해결책으로 법안을 마련했다"며 입법이 이뤄져야 하는 취지를 설명했다. 그는 "아이를 봐줄 분이 너무 비싸지 않게 가능해야 한다"며 "이 법안이 실현된다면 싱가포르와 같이 월 100만 원 수준의 외국인 가사도우미의 사용이 가능해진다"고 했다. 큰돈 들이지 않고 가사도우미를 쓸 수 있으면 청년 세대의 출산과 육아 문제가 해결되고, 그러면 출산율이 높아질 것이라는 가정하에서 법안을 발의한 것이다.

한국의 합계출산율*이 너무 낮아서 초비상 상황인 것은 누구나 아는 일이다. 통계청에 따르면 2022년 한국의 합계출산율은 0.78명으로 2021년의 0.81명보다 낮아졌다. 2023년 3분기(7~9월) 합계출산율은 0.7명으로 역대 최저를 기록했다. 한국은 합계출산율이 1.3명 이하인 초저출산 국가로 OECD 38개 회원국 중 최하위를 기록하고 있다. 출산율이 1 이하인 국가는 한국 외엔 없다. 2020년 기준 OECD 회원국의 합계출산율 평균은 1.59명으로 한국 합계출산율의 두 배 정도다. 한국의 합계출산율은 2017년에 1.05명을 기록한 이후 2018년부터는 1을 넘기지 못하고 계속 하락하고 있다. 이런 이유로 해외 전문가들조차 한국의 미래를 걱정하고 있다. 정부가 손을 놓고 있었던 건 아니다. 정부는 2005년 9월 대통령 직속으로 저출산고령사회위원회를 설치했고 중·장기적인 대응을 해오고 있다. 2006년부터 2021년까지 소요된 저출산 예산은 약 280조 원에 달한다. 그런데도 출산율은 계속 떨어지고 있다. 저출산 문제의 원인으로 여러 가지가 지적되지만 가장 근본적인 이유는 출산 연령대에 있는 사람들이 출산을 기피하는 데 있다. 그 이유로는 경제적 문제, 아이 양육을 어렵게 하는 노동과 생활환경, 개선되지 않는 성차별 문화 등이 지적되고 있다.

외국인 가사도우미 법안 발의는 우리 사회의 절박한 상황을

---

* 여성 한 명이 15세부터 49세까지 가임기에 낳을 것으로 예상되는 자녀의 수를 말한다.

고려한 것이었다. 그러나 법안 발의가 발표되자마자 여론이 들끓었다. 대부분 법안에 반대하는, 나아가 법안을 비난하는 목소리였다. 비난 여론은 크게 두 가지로 나뉘었다. 하나는 외국인 가사도우미를 도입한다고 아이를 낳는다는 보장이 없다는 것이었다. 그래서 외국인 노동자부터 데려오자는 게 말이 안 된다고 했다. 다른 하나는 법이 제정되면 월 100만 원 수준의 외국인 가사도우미 사용이 가능해진다는 조 의원의 주장에 대한 반박이었다. 많은 사람이 아이 돌보기라는 힘든 일을 하는 노동자에게 외국인이라는 이유로 최저임금의 반도 안 되는 임금을 주자는 법안 내용에 아연실색했고 나아가 화를 냈다. 그런 주장을 하는 건 외국인을 '노예'로 쓰자는 소리라고 비난했다.

한국의 물가는 세계에서도 높은 수준이다. 한 글로벌 분석 업체의 보고서에 따르면 2023년 6월 기준 서울은 '외국인에게 가장 비싼 도시' 9위에 올랐다. 서울의 물가는 지방의 물가와 별 차이가 없으니 한국 전체의 물가로 이해해도 문제가 없을 것이다. 높은 물가로 인해 최저임금을 받는 노동자들의 생활은 무척 힘들다. 그런데 외국인 가사도우미에게는 최저임금도 적용하지 않겠다는 건 어불성설이다. 외국인 노동자도 똑같이 한국에서 생활해야 하는데 말이다.

그렇다면 싱가포르는 어떻게 그렇게 낮은 임금으로 외국인 가사도우미를 쓰는 게 가능할까? 싱가포르는 2023년 6월 기준 '외국인에게 비싼 도시' 5위를 차지할 정도로 물가도 높은데 말이다. 정답은 싱가포르 임금 기준이 아니라 송출국, 그러니까 가사노동자 출신 국가의 임금수준에 맞추는 것이다. 최저임금 제도조차 없는 싱가포르에서 가사노동자들의 임금은 400~650싱가포르달러(약 39만~64만 원) 수준이다. 필리핀 가사노동자의 임금이 가장 높고 다음으로 인도네시아, 스리랑카, 미얀마 출신 노동자 순이다. 이것은 합법을 가장한 노동자 착취다. 외국인 가사노동자가 많은 홍콩의 경우도 비슷하다. 홍콩은 2023년 기준으로 외국인 가사노동자에게 한화로 약 80만 원을 지급하는데 이것은 법정 최저임금의 절반이고 홍콩 노동자 월평균 임금의 4분의 1 정도다.[*] 홍콩과 싱가포르는 가사노동자에 대한 학대로 오래전부터 악명을 떨치고 있다. 가사노동자를 CCTV로 24시간 감시하고, 부엌이나 식당에서 자게 하면서 시도 때도 없이 일을 시키고, 집 밖에 나가지 못하게 하는 등의 일이 만연해 있다. 대다수 가사노동자는 노동자가 아닌 하인 취급을 받으면서 강제 노동, 신체적·정신적 학대, 감시에 시달리고 있는 것으로 조사됐다.[**] 홍콩과 싱가포르 모두 '합법

---

[*] 「외국인 가사노동자 도입 50년 홍콩·싱가포르 ··· '현대판 노예제' 비판받는 이유」, 〈한국일보〉 2023년 5월 25일.
[**] 「싱가포르 외국인 가사노동자 "CCTV 12대 ··· 쉴 수가 없었다"」, 〈한겨레〉 2023년 6월 6일.

적'으로 외국인 노동자를 착취하고 있고 불법 행위를 제대로 잡아내지 못하고 있다.

낮은 임금을 받는 외국인 가사도우미를 도입하자는 주장은 결국 싱가포르나 홍콩 같은 법과 제도를 들여오자는 것이었다. 누가 봐도 인권 유린에 노동 착취인 그런 일을 한국에서 합법적으로 할 수 있게 하자는 것이었다. 한국의 합계출산율을 높이기 위해 기본 생활이 불가능한 임금을 주면서 외국인 노동자를 착취하는 것이, 그것도 국가 차원에서 하는 게 정당한가? 교묘하게 법에 저촉되지만 않게 하면 정당한 것인가? 그런 일을 하면서 국내와 국제사회에서 인권을 말할 수 있을까? 거센 비난으로 인해 법안은 하루 만에 철회됐다. 법안을 공동 발의한 의원 중 두 명이 부담 때문인지 공동 발의를 철회했기 때문이다. 하지만 조 의원은 공동발의자를 추가로 받아 법안을 다시 발의하겠다며 법안이 타당하고 합리적이라는 주장을 계속했다.

'외국인 노동자'라는 정체성을 부여하다

많은 사람이 외국인 노동자에 대한 합법적 착취를 가능하게 하는 법안을 비난한 것은 천만다행이다. 그러나 다른 한편 지지한 사람들도 많았다. 법안을 발의한 의원도 뜻을 굽히지 않았다. 그는 법안 발의 후 몇 개월이 지난 시점에서도 인터뷰를 통해 외국인 가사노동자를 최저임금 체계에서 배제하는 게 아니라 "또 다른 최저임금을 제시하는 것"이라고 했다. 최저임금은 노동자에게 최저 생활이 가능한 임금을 보장하기 위해 법으로 정한 것이다. 다른 한편 최저임금도 주지 않는 노동 착취를 막기 위해서다. 그런데 또 다른 최저임금을 만들어 적용하자는 건 외국인 노동자에 대한 노골적 차별과 착취를 주장한 것이다. 외국인 노동자가 인간으로서의 기본 생활을 하지 못해도 상관없다는 의미기도 하다. 그의 말에 찬성하는 사람들 또한 같은 생각을 드러낸 것이다. 왜 그런 차별과 착취를, 나아가 비인간적인 조건을 법으로 정해 실행하자는 주장을 하는 걸까? 왜 그렇게 해도 괜찮다고 생각하는 걸까?

차별과 착취를 정당화하는 이 주장을 이해할 수 있게 해주는 핵심 키워드는 결국 '외국인 노동자'다. 이들은 이주노동자로도 불린다. 우리 사회에서 일하고 거주하는 외국인 노동자는 이제는 전혀 낯설지 않은 존재다. 그런데 모든 외국인 노동자가 '외국인 노동자'로 인식되는 건 아니다. 외국인 노동자로 불리는 사람들은 한국 사회가 부여한 몇 가지 정체성을 가지고 있다. 그리고 그 정체성은 차별과 착취를 정당화하는 구실로 이용된다.

첫 번째 정체성은 한국인들이 내팽개친 어렵고 더럽고 위험한 3D(difficult, dirty, dangerous)일을 하는 사람, 다시 말해 전문적인 지식이나 기술이 없이 막노동을 하는 외국인이라는 정체성이다. 그래서 존중할 필요가 없고 하찮게 취급해도 된다고 생각한다. 둘째는 한국보다 경제 수준이 낮은 국가에서 온 사람들이라는 정체성이다. 즉 한국의 필요가 아니라 돈을 벌어야 하는 자신의 필요에 따라 한국에 왔고, 그런 절박한 상황 때문에 왔다면 한국에서 무시를 당하고 푸대접을 받더라도 참아야 하는 사람들이라고 생각한다. 또한 한국의 임금수준이 자국의 수준보다 높고 노동환경도 더 낫기 때문에 조금 착취를 당해도 견딜 수 있는 사람들이라고 생각한다. 보통 선진국 출신의, 사무직이나 전문직을 가진, 또는 백인인 외국인 노동자는 '외국인 노동자'로 인식하지도 그렇게 부르지도 않는다. 그들에게는 '외국인 노동자'라는 정체성이 아니라 한국에 거주하며 모든 면에서 한국인과 비슷한 권리를 가진 '외국인'이라는 정체성을 부여한다. 셋째는 보통 한국인보다 얼굴 색이 진한, 그래서 얼굴 색을 통해 한국 사회 구성원이 아님이 증명되는 사람들이라는 정체성이다. 그러므로 외국인 노동자는 한국인과는 다르고 한국 사람과 같은 대접을 받을 권리가 없다고 생각한다. 외국인 노동자들은 한국 사회가 부여한 정체성을 강요당한다. 스스로 규정하고 인정하는 정체성, 즉 한국 사회의 필요에 따라 한국에서 일하는 외국인 노동자, 독특한 민족적·문화적 배경을 가진 사람 등의 정체성은 무시당하는 경험을 한다.

외국인 노동자의 역할에 대한 인식 또한 차별과 착취를 정당화하는 이유가 된다. 한국 사회는 외국인 노동자를 거시적으로는 한국 경제의 유지와 발전, 그리고 미시적으로는 고용주의 이익을 위한 수단이자 도구로 인식한다. 그들이 한국에 온 이유는 한국인 노동자가 부족한 영역에서 일하고 금전적 대가를 받기 위해서다. 그런데 많은 한국인이 그런 점을 외국인 노동자의 약점이라고 생각한다. 돈을 벌어야 하는 약점이 있으니 한국 사회에서 잘 처신하고 고용주에게 최선을 다해 충성해야 한다고 생각한다. 외국인이라 할지라도 노동자이기 때문에 한국 노동자와 똑같이 존중을 받을 권리가 있다고 하면 주제를 모르는 태도와 행동이라고 비난한다. 그런데 사실이다. 그들은 한국 노동자와 같은 일을 하고 동등하게 한국 사회의 법 적용을 받는 노동자다. 그럼에도 많은 한국인이 외국인 노동자들을 가난한 나라 출신의 가난한 사람, 그리고 한국 사회와 고용주가 베푸는 시혜를 받는 사람으로 여긴다. 그러므로 한국 노동자보다 힘들게 일하고 덜 받아도 고마워해야 한다고 생각한다.

외국인 가사도우미 도입을 주장하고 그에 찬성하는 사람들 또한 외국인 노동자를 한국 경제와 국익을 위한 수단이자 도구로 여기는 생각을 드러냈다. 외국인 노동자가 가장 어려운 일

중 하나인 아이를 돌보는 '사람'이어도 결국 아이 돌봄과 가사에 필요한 도구일 뿐이라는 생각 말이다. 임금은 그들을 데려오는 미끼가 될 정도의 수준이면 된다는 생각이었다. 월 100만 원 정도의 임금이 한국에서 기본적인 생활을 하는 것조차 어렵게 하는 수준이고, 그래서 가사도우미라는 직업이 기만이고 사실은 노동 착취여도 법에 따라 고용 계약이 이뤄지기만 하면 상관없다는 식이었다.

열심히 일하고 욕을 먹다

외국인 노동자인 로이 아지트는 3년 전 한 공장에 입사했고 그곳에서 쇳가루가 날리는 금속 연마 작업을 했다. 방진 마스크도 없이 일을 하다 1년도 지나지 않아 간질성폐질환 판정을 받았다. 그는 회사에 방진 마스크를 여러 차례 요구했다. 그런데 회사에선 "사서 쓰라"며 일반 마스크만 지급했다. 의사는 4년밖에 살 수 없다고 했다. 회사는 직원 정기검진에서 아지트의 폐에 이상이 생겼다는 걸 알았지만 본인에게 알리지 않았다. 아지트는 건강이 급격히 악화돼 병원을 찾았다가 이 사실을 알게 됐다. 회사는 아지트가 신청한 산업재해를 취소하라고 종용했다. 건설업 관련 공장에서 일하는 아드난(가명)은 손가락이 잘리는 사고를 당했다. 정부로부터 허가받은 일터가 아닌 인근 공장 일에 투입됐다 사고가 났다. 고용주가 자기 회사 일감이 적을 때 다른 공장으로 보내 일을 시킨 것이다. 이것은 불법이지만 사업주들 사이에서는 일종의 '품앗이'로 여겨진다. 아드난은 수술 후 손가락을 굽힐 수 없는 장애를 얻었다. 오랜 노력 끝에 다행히 산업재해로 인정받았지만 장애는 그대로 남았다.*

위와 같은 산업재해는 한국인 노동자에게도 발생한다. 그러나 외국인 노동자에게 더 빈번하게 발생한다는 게 문제다. 또 대응 과정에서 고용주와 회사가 보이는 태도와 행동은 너무 몰상식하고 부도덕해서 혀가 내둘러질 정도다. 비난을 받고 법적 처벌을 받을까 무서워 한국인 노동자에는 하지 않는 행동을 외국인 노동자에게는 하는 것이다. 외국인 노동자를 무시하고 하찮은 존재로 여기는 것을 넘어서 모든 인간이 가지는 신체적 문제와 고통이 외국인 노동자에게는 해당되지 않는 것처럼 외면한다.

팩트가 이렇지만 외국인 노동자의 열악한 노동환경과 사업주의 학대에 가까운 처우를 보도하는 뉴스에는 상상을 뛰어넘는 댓글이 달리곤 한다. "시설이 그렇게 거지 같으면 어느 외국

---

* 「외국인 노동자 처우가 열악하다는 건 과장된 사실일까 [팩트체크K]」, 〈KBS 뉴스〉 2023년 6월 11일.

인이 일하겠니?", "어디서 최악만 취재하는 건지 제대로 절차 밟고 일시키는 곳도 있다는 걸 좀 아셔요", "외국인 노동자 감성팔이 하는 시대는 지났다", "우리 국민들도 힘들다. 그렇게 힘들고 싫으면 고국으로 돌아가라!" 등의 내용이다.** 첫 번째 댓글은 흥미롭게도 자신의 무지를 고백하고 결국 외국인 노동자의 열악한 노동환경을 비판하는 것이다. 통계로 봐도, 각종 조사 보고서와 언론 보도를 봐도 외국인 노동자의 열악한 노동환경과 고용주의 학대에 가까운 처우는 사실이기 때문이다. 다른 댓글들도 비논리적인 건 마찬가지고 사실관계를 따지기보다 외국인 노동자에게 극도의 반감을 드러내고 있다. 애초 외국인 노동자를 존중할 생각이 없고 산업 생산의 도구로만 취급하면서 억지소리를 하고 있다.

산업재해는 어디서든 생기고, 다른 선진국들에 비해 한국이 산업재해가 많은 게 사실이다. 그런데 외국인 노동자는 한국 노동자보다 빈번하게 산업재해에 노출된다. 앞의 사례는 그런 많은 사례 중 하나일 뿐이다. 외국인 노동자의 산업재해율은 한국인 노동자의 것보다 훨씬 높고 갈수록 높아지고 있다. 2020년 기준으로 100명당 발생하는 사고 재해자 수 비율인 '사고재해율'은 외국인 노동자의 경우 0.87퍼센트로 산재보험 가

** 같은 보도.

입자 전체의 비율인 0.49퍼센트보다 훨씬 높았다. 취업자 전체의 비율인 0.34퍼센트보다는 2.5배 이상 높았다. 한국 노동자의 산업재해 사고 사망자 수는 2010년 1114명에서 2019년 855명으로 지난 10년간 꾸준히 감소했다. 그러나 같은 기간 외국인 노동자 사고 사망자 수는 78명에서 104명으로 오히려 증가했다. 외국인 노동자의 '사망만인율', 즉 인구 1만 명당 발생하는 사망자 수 비율은 1.39퍼밀리어드로 산재보험 가입자 전체의 1.09퍼밀리어드, 그리고 취업자 전체의 0.77퍼밀리어드보다 훨씬 높았다.[*] 정부의 공식 통계도 비슷한 결과를 보여준다. 고용노동부의 2022년 「고용노동백서」에 따르면 외국인 노동자 산업재해 피해자는 2012년 6404명에서 2021년 8030명으로 증가했다. 산업재해 사고로 인한 사망자는 2012년 106명이었다가 그 후 조금 줄었지만 2015년에 다시 100명을 넘었고 2021년에는 129명을 기록했다.[**]

외국인 노동자들은 열심히 일한다. 일자리를 찾아 타국까지 왔으니 당연하다. 고국에 있는 가족과 자신의 미래를 위해서다. 어쨌든 그렇게 열심히 일하는 외국인 노동자들 때문에 한국 경제와 고용주는 이익을 얻는다. 그런데 많은 외국인 노동

---

[*] 정연·이나경, 「이주노동자 산업안전보건 현황과 정책 과제」, 「보건복지포럼」 통권 제304호 (2022. 2.), 한국보건사회연구원, 51~66쪽, 55~57쪽.
[**] 고용노동부, 「2022년판 고용노동백서」, 410쪽.

산업재해는 어디서든 생기고, 다른 선진국들에 비해 한국이 산업재해가 많은 게 사실이다. 그런데 외국인 노동자는 한국 노동자보다 빈번하게 산업재해에 노출된다.

자가 열심히 일해도 노동의 대가를 제대로 받지 못하고, 학대를 받고 착취를 당하며, 심지어 생명의 위협에 노출되는 일을 겪고 있다. 물론 댓글 작성자들이 주장한 것처럼 한국 노동자와 똑같이 대우를 받고 노동자로 존중을 받으며 일하는 사람들도 있다. 그런데 그렇지 않은 사람들이 여전히 많다는 것, 그리고 그것이 한국의 사회문제로까지 대두되고 있다는 것 또한 사실이다. 농업과 축산업에서 일하는 외국인 노동자들은 집이라고도 할 수 없는 비닐하우스 움막에서 지내고, 하루에 10시간씩 일하고 한 달에 겨우 하루 쉬면서 월 160~200만 원 정도를 받는 일이 많다. 그런데도 그에 대한 책임이 외국인 노동자에게 있는 것처럼 억지소리를 하고 온갖 욕을 퍼붓는 사람이 많다. 열심히 일하는 사람들이 욕을 먹는 이 상황, 어떻게 봐도 이상하다.

외국인 노동자, 한국 경제를 떠받치다

한국에 머무는 외국인 노동자는 2023년 중반 기준으로 84만 명이 넘는다. 미등록체류자까지 합하면 120만 명이 넘는 것으로 추산된다. 이들은 대체로 한국인 노동자에 비해 더욱 위험하고 취약한 노동환경에서 일한다. 그렇다고 한국 노동자의 노농환경이 좋냐는 얘기는 아니다. 어쨌든 진실은 앞이 통계가 보여주는 것처럼 외국인 노동자의 노동환경이 더 열악하다는 점이다. 그런데 외국인 노동자의 열악한 상황과 학대에 가까운 일을 보도하면 가장 흔하게 달리는 댓글 중 하나가 "그렇게 힘들면 돌아가라!"는 말이다. 그런데 그게 정말 가능할까? 외국인 노동자에게가 아니라 우리에게 말이다.

"외국 친구들 없으면 일 안 돌아가요. 김 양식장 인부 95퍼센트가 이주노동자라고 보면 됩니다. 그들이 없으면 한국 사람들은 김 없는 김밥을 먹어야 할 판입니다." 진도에서 양식업을 하는 박 모 씨의 말이다. 양식업장에서는 보통 한국인 선주 1명에 외국인 노동자 5명 정도가 한 조를 꾸려 일을 한다고 한다. 농업 현장에서도 상황은 비슷하다. 한국농촌경제연구원에 따르면 2021년 2월 기준으로 특용작물 재배업에서 전체 노동자의 47퍼센트가 외국인 노동자였다. 원예와 채소·산나물 업종에서도 각각 37.5퍼센트와 36퍼센트를 차지했다. 통계에 잡히지 않는 미등록체류자까지 더하면 실제 기여도는 50퍼센트 이상일 것이라는 게 한국농촌경제연구원의 설명이었다.* 원양어선이나 연안 여객선 등에서 일하는 외국인 선원도 전체의 거의 반 정도다. 2021년 기준 외국인 선원은 전체 선원의 45.7퍼센트를

---

* 「"이주노동자 없으면 한국 사람은 '김 없는 김밥' 먹어야 할 판"」, 〈한국일보〉 2021년 2월 3일.

차지했다. 1993년 우즈베키스탄 산업연수생 923명이 처음으로 농촌 현장에 투입된 지 28년이 지난 지금 외국인 노동자들은 한국의 농어업 현장에서 중요한 노동력이 됐다.

제조업에서도 외국인 노동자는 없어서는 안 될 노동력이다. 정부는 외국인 노동자를 지금보다 늘려 한국인 노동자 감소 문제를 해결할 방안을 고민하고 있다. 2023년 5월 한국은행이 발간한 「인구구조 변화에 따른 산업별 고용인력 변화와 정책대안별 효과 추정」 보고서는 2032년까지 향후 10년간 제조업의 저숙련 노동자는 약 10.2퍼센트, 고숙련 노동자는 1.6퍼센트 감소할 것이라고 예상했다. 이 문제를 해결하기 위해 외국인 노동자로 노동력을 대체하는 것을 가장 현실적인 해결 방안으로 제시했다. 2019년 기준으로 전체 인구의 3.8퍼센트인 외국인 비율을 G7 국가의 평균 수준인 7.8퍼센트로 높이는 방안이 제시됐다. 그러면 줄어드는 노동력을 상쇄할 수 있다는 주장이다. 현재도 외국인 노동자들이 가장 많이 일하는 분야가 제조업이다. 통계청에 따르면 2022년 말 기준으로 외국인 노동자 중 43.9퍼센트가 제조업에서 일하고 있었다. 2017년 이후 계속 44퍼센트에서 46퍼센트를 유지하고 있다.

이런 상황에서 외국인 노동자들이 사라지면 어떻게 될까? 결과는 쉽게 짐작할 수 있다. 한국 경제는 제대로 돌아가지 않고 물가는 상승할 것이다. 코로나19가 확산했을 때 외국인 노동자들이 대거 출국했고 그 결과 노동자 부족으로 농산물을 수확조차 할 수 없었던 상황, 그로 인한 인건비 상승이 농산물 가격 상승에 일조했던 상황을 우리는 이미 경험했다. 물론 이런 주장을 할 수도 있다. 코로나19 상황은 이제 종식됐고 외국인 노동자들은 다시 돌아왔다고, 그리고 돈을 벌려는 외국인 노동자들은 많다고. 그러나 현실은 그렇지 않다. 2023년 봄과 가을에도 농민들은 외국인 노동자 부족을 하소연했다. 농민들은 물론 국회의원까지 나서서 농번기에는 '불법체류자'로 분류된 외국인 노동자 단속을 하지 말라고 요청할 정도였다. 농민들은 통계와 다르게 농업 인력의 80~90퍼센트가 외국인 노동자라고 얘기하고 있고, 때로 웃돈까지 주며 외국인 노동자를 모셔올 정도라고 하소연했다.* 이것은 일시적인 현상이 아니다. 농촌 인구의 고령화로 이미 고착된 농촌의 모습이다.

외국인 노동자가 많아지면서 이들이 한국 노동자의 일자리를 빼앗는다는 주장도 있지만 이는 대체로 사실이 아니다. 외국인 노동자가 많아진 이유는 한국인들이 3D 업종을 기피하고 고령화로 생산가능인구가 줄었기 때문이다. 축적된 통계와 다양한 분석을 통해 이미 밝혀진 사실이다. 건설 현장에서는 조금 다른 목소리가 나오고 있긴 하다. 고용주들이 낮은 임금을

---

* 「외국인 인력 단속에 농번기 농심 타들어간다」, 〈한국영농신문〉 2023년 6월 15일.

주고 외국인 노동자를 고용하면서 한국인 노동자 고용이 줄어들고 임금이 하락하고 있다는 것이다. 그런데 현장 상황은 그리 단순하지는 않아 보인다. 「2021 건설근로자 고용복지 사업 연보」에 따르면 2021년 건설 노동자 중 외국인 노동자 비율은 12.4퍼센트였다. 한국인 노동자들은 외국인 노동자보다 상대적으로 나이가 많고 그에 따라 외국인 노동자들은 한국인 노동자들이 기피하는 체력이 많이 필요한 일을 주로 하고 있다. 그 결과 건설업의 핵심 분야에 외국인 노동자가 더 많다. 그중에는 이른바 '불법체류자'로 분류되는 미등록 외국인 노동자도 있다. 건설업계의 외국인 노동자 의존도가 높아지고 있고 때로 힘든 일을 할 수 있는 외국인을 고용하는 게 사실이다* 그런데 이런 건설 현장 상황에 대해 외국인 노동자를 탓하고 공격할 일은 아니다. 한국 사회가, 그리고 업계가 바람직한 대응책을 마련하지 못하고 법적인 대응책 마련에도 게으른 것이 근본적인 원인이기 때문이다.

외국인 노동자가 한국 노동자의 일자리를 뺏는다는 주장은 외국인 노동자에 대한 비난과 혐오를 정당화하기 위한 또 다른 핑곗거리에 불과하다. 우리는 경제와 물가 안정을 위해 오히려 외국인 노동자를 더 받아들여야 하는 상황이다. 외국인 노동자

---

* 「건설 현장은 이미 외국인 노동자가 장악? [팩트체크K]」, 〈KBS 뉴스〉 2023년 6월 6일.

가 없으면 중문히 불선을 만들고, 집을 짓고, 농신물을 수확하고, 생선을 잡을 수 없는 상황이다. 그런데도 한국 경제에 대한 외국인 노동자의 기여를 부정하고 단지 '외국인 노동자'라는 이유로 무시하고 욕을 하는 건 부당하고 불합리하다. 노동자로 존중하지도 제대로 대우하지도 않고 공존할 방법을 적극적으로 모색하지 않는 건 우리 사회의 미래를 생각할 때 현실적이지 않다.

왜 외국인 노동자를 공격하나

외국인 노동자는 이제 우리 사회에서 쉽게 볼 수 있는 사람들이고 이미 우리 사회의 중요한 집단 중 하나가 됐다. 그렇지만 그들은 여전히 우리 사회에서 이방인이고 쉬운 공격의 대상이다. 때로는 값싼 연민의 대상이 되기도 하는데 거기에도 그들에 대한 편견과 무시가 내포되어 있다.

왜 많은 사람이 외국인 노동자를 무시하고 공격하는 것일까? 앞서 언급한 것처럼 '외국인 노동자'로 불리는 사람들은 별다른 기술 없이 육체노동으로 돈을 벌기 위해 한국에 온 사람들이고 한국에 비하면 경제력이 미미한 국가 출신이다. 그런 점 때문에 무시하고 공격하는 것일까? 비슷한 정체성과 가족

배경을 가진 한국인에게도 유사한 태도와 행동을 보이니 말이다. 그러나 이건 유력한 답이 아니다. 외국인 노동자는 애초 노동력을 제공하기 위해, 그리고 당연히 자국의 경제 발전 수준이 한국보다 낮아서 한국에 왔기 때문이다. 그런 정체성과 배경은 이미 알려진 것이고, 외국인 노동자는 '노동을 하는 사람'이라는 자신의 역할에 충실하다. 그럼에도 무시와 공격을 당한다. 이런 점을 고려할 때 가장 유력한 이유는 그들이 민족적, 문화적, 언어적으로 다르기 때문이다. 그런 배경 때문에 많은 한국인이 그들을 절대 한국 사회의 구성원이 될 수 없는 이방인, 특히 한민족의 배경을 가진 대다수 한국인과 비교할 수 없는 열등한 이방인으로 분류한다. 고민 없이 무시하고 공격해도 되는 만만한 존재로 생각한다.

민족적, 문화적, 언어적 배경과 그에 따른 정체성을 근거로 외국인 노동자를 무시하고 공격하는 것은 인종차별이다. 인종차별은 인종, 민족, 문화의 다름을 핑계로 특정 집단을 차별하는 것을 말하며 외국인 노동자들이 한국 사회에서 겪는 일 또한 이런 정의에서 벗어나지 않는다. 인종차별에 더해 일상에서는 외국인 노동자에게 여러 형태의 미세공격(microaggression)이 가해진다. 미세공격은 언어적, 비언어적으로 상대에게 가하는 공격을 말하는데 흔히 상대에 대한 적대감, 경멸, 반감 등으로 나타난다. 미세공격의 두 가지 특징은 가해자가 자신이 의식하지 못한 재 무의식직으로 공격을 할 때기 많다는 전가 공격을 받는 대상이 피해를 자각하는지가 중요하다는 점이다.*
그러니까 한국인들이 외국인 노동자를 노골적으로 무시하거나 적대적으로 대하지 않는다고 주장해도 외국인 노동자들이 한국인들의 무의식적인 태도와 행동에서 무시와 공격을 느낀다면 미세공격이 가해지고 있다고 판단할 수 있다.

2023년 3월 21일은 '세계 인종차별 철폐의 날'이었다. 이날을 며칠 앞두고 외국인 노동자들은 기념 대회를 열고 "차별을 철폐하라"고 외쳤다. 이들은 한국이 '모든 형태의 인종차별 철폐에 관한 국제협약(International Convention on the Elimination of All Forms of Racial Discrimination)'에 가입했지만 한국 사회에서 외국인 노동자에 대한 "인종차별과 혐오는 그대로"라고 주장했다. 또한 노동 착취, 임금 체불, 높은 산업재해 사망률 등을 야기하는 열악한 노동환경도 변하지 않고 있다고 했다. 이들은 외국인 노동자 자녀들이 당하는 인종차별도 언급했다. 부모가 외국인이라는 이유로 학교 폭력을 당하고 한국인과 다른 외모와 피부색, 그리고 한국어를 유창하게 하지 못한다는 이유로 차별, 조롱, 공격을 받고 있다고 했다.** 외국인 노동자들은 착

---

* 데럴드 윙 수·리사 베스 스패니어만, 『미세공격 : 삶을 무너뜨리는 일상의 편견과 차별』, 김보영 옮김, 다봄교육, 2022, 30~31쪽.
** 「이주노동자 자녀까지 '차별 만연'…"인종차별 철폐하라"」, 〈노컷뉴스〉 2023년 3월 19일.

취, 차별, 공격 등 노골적인 형태의 인종차별을 당하고 있고, 자녀들은 일상에서 미세공격에 노출되어 있음을 구체적으로 언급했다.

외국인 노동자 자녀들과 비슷한 상황에 있는 이주 배경 청년들이 경험하는 미세공격은 외국인 노동자 자녀들이 경험하는 미세공격을 잘 이해할 수 있게 해준다. 이주 배경 청년 심층 인터뷰에 기초한 한 논문은 이주 배경 자녀들이 일상에서 빈번하게 무의식적인 편견과 인종적 고정관념에서 비롯된 미세공격을 경험하고 있음을 확인했다. 이주 배경 자녀는 국내에서 출생한 국제결혼 또는 외국인가정 자녀, 그리고 외국에서 태어나 어릴 때나 청소년기에 입국한 국제결혼 배우자의 자녀 또는 외국인가정 자녀를 말한다. 심층 인터뷰에 응한 10명의 청년들은 귀화했거나 장기 체류가 가능한 F-4 비자를 가지고 있었다. 부모의 출신 국가는 중국(5명), 파키스탄(1명), 우즈베키스탄(1명), 필리핀(2명), 태국(1명)이었다. 이들은 일상적으로 차별을 경험하는데 그것이 암묵적이거나 눈에 잘 띄지 않는 형태로 이뤄져 적극적으로 대처하기가 어렵다고 했다. 그들은 모욕감을 느끼게 하는 마이크로인설트(microinsult), 교묘하게 공격을 하는 마이크로어설트(microassault), 존재와 정체성을 부인하는 마이크로인밸리데이션(microinvalidation) 등 모든 종류의 미세공격을 경험했다고 말했다. 이들이 가장 불편하다고 지적한 건 마이크로인밸리데이션으로 20년 이상 한국에서 살고 있는데도 사람들에게 늘 "어디에서 왔어요?"라는 질문을 받고, "계속 한국에서 살았다"고 해도 믿지 않는 것이라고 했다. 또 한국으로 귀화했는데도 "한국말 잘해", "완전 한국 사람 같다"는 소리를 듣는다고도 했다. 마이크로인설트와 마이크로어설트도 경험하는데, 예를 들어 중국어를 하면 공격적인 태도를 보인다는 것이다. 또 노골적으로 "외국인같이 안 보인다, 한국인같이 생겼다"고 얘기한다는 것이다. 그것이 그들에게는 "너의 종족은 열등하다"라는 모욕과 공격의 말로 들린다는 것이다.* 외국인 노동자와 그 자녀들도 대다수 한국인과 다르다는 이유로 비슷한 미세공격을 일상적으로 경험한다. 많은 한국인이 그들의 피부색과 얼굴의 형태, 한국어 구사 능력 등을 지적하면서 한국 사회의 구성원으로 '불합격' 판정을 내린다. 그리고 은근히 또는 노골적으로 무시하면서 차별하고 공격을 가한다.

어떤 사람들은 외국인 노동자들이 한국인과 민족적, 문화적, 언어적 배경이 다른 것은 분명하고 그것을 구분하고 지적하는 것이 왜 문제가 되느냐고 말한다. 그리고 그들이 그렇게 말하는 건 정말 무시와 공격을 당해서가 아니라 민감하고 열등감이 있기 때문이라고 주장한다. 그러나 이미 많은 구체적인 사례가

---

* 최영미·송영호, 「이주배경청년의 마이크로어그레션(microaggression) 경험과 대처에 관한 질적연구」, 『다문화사회연구』 제15권 2호(2022), 171~204쪽, 178~189쪽.

있으므로 그런 주장은 타당하지 않다. 또한 한 가지 분명한 점이 있다. 많은 한국인이 외국인 노동자가 대다수 한국인과 '다름'을 강조한다는 점이다. 그러나 그들은 그 점을 강조하는 것 자체가 인종차별이며 미세공격이라는 점을 인식하지 못한다. 그들은 그런 구분을 당연하게 생각하고 한민족 배경의 한국인의 국가인 한국에서는 외국인 노동자가 권리를 주장할 자격이 없으므로 고분고분하게 일만 하라는 암묵적인 압력을 가한다. 그리고 외국인 노동자들이 겪는 부당한 일을 외면한다. 그들은 부인하겠지만 그런 압력과 무관심은 결국 외국인 노동자에 대한 지속적인 차별과 부당한 처우, 그리고 노골적인 무시와 공격을 가능하게 만든다.

7 ———

탈북민은 한국인이 아닌가

홀로 죽다

2019년 7월 31일 서울 관악구의 한 임대아파트에서 42세의 탈북민 A 씨와 여섯 살 아들이 숨진 채 발견됐다. 경찰은 모자가 숨진 지 두 달이 넘은 것으로 추정했다. 또 시신이 매우 마른 상태였고 집 안에 먹을 것이 없었던 점으로 미루어 아사한 것으로 추정했다. 2022년 10월 19일에는 서울 양천구의 한 임대아파트에서 홀로 생활하던 49세의 탈북민 여성 B 씨가 숨진 채 백골 상태로 발견됐다. 1년이 넘도록 집세가 밀렸는데 연락이 닿지 않자 서울도시주택공사(SH)는 강제 퇴거 절차를 밟기 위해 강제로 현관문을 개방했다. 숨진 B 씨가 집 안에서 발견됐는데 겨울옷을 입고 있었고 이전 겨울에 숨졌을 것으로 추정됐다. 그녀는 20년 전 한국에 정착해 탈북민을 돕는 간호사, 전문 상담사로 일했지만 결국 홀로 죽음을 맞았다. 2023년 6월에는 북한 요리를 전문으로 하는 브랜드를 창업해 성공한 사업가로 활발히 활동하던 32세의 탈북민이 스스로 목숨을 끊어 주변 사람들을 놀라게 했다. 세 사건의 사망자 모두 무연고자로 분류됐다. 남북하나재단의 자료에 따르면 2016년부터 2023년 4월까지 33명의 사망 탈북민이 무연고자로 서울시립승화원의 납골당에 안치됐다.

세 사건은 한국 사회에서 고립된 채 살아가는 탈북민의 상황을 잘 보여준다. 물론 탈북민이 아니어도 앞서 말한 사망자들과 비슷하게 고독사를 하는 경우가 있다. 그러나 탈북민의 상황은 다르다. 가족과 함께 탈북하기 힘든 여건에서 가족도 지인도 없고 북한 사회와는 완전히 다른 한국 사회에 홀로 정착해야 하는 특수한 상황에 직면한다. 탈북민이라는 정체성 때문에 정착한 후에도 이웃이나 직장 동료들과 관계를 잘 만들지못하고, 그로 인해 오랜 시간이 지나도 안정적으로 살지 못하는 어려움을 겪는다. 세 사건 사망자들을 알았던 사람들은 그들이 경제적 어려움으로 홀로 사망하거나 자살한 것으로 보이지만 사실은 고민이나 어려움을 나누고 상의할 사람이 없었기 때문이었을 것이라고 말했다.

통일부의 통계 자료에 따르면 2022년 12월 기준으로 한국에 들어온 탈북민은 약 3만 4000명이었다. 사망자, 이주자 등을 제외한 실거주 중인 탈북민은 약 2만 7000명이었다. 적지 않은 숫자지만 한국의 전체 인구에 비하면 아주 적은 숫자이기도 하다. 이들은 '탈북민' 또는 '북한이탈주민'이라고 불리며 한국 사회가 부여한 '북한 출신' 한국인이라는 정체성을 가지고 있다. 한국 국적이 있지만 '특별한 이방인' 취급을 받는다. 탈북민은 법률에 따라 정부의 지원을 받는 대상이고 정부가 정기적으로 모니터링을 하는 집단이다. 사실 다양한 집단이 정부의 특별한 관리를 받는다. 그러나 탈북민의 경우는 여러 가지 다른 이유로 관리와 지원의 대상이 된다. 우선 공식적으로 한국과 적대적 관계이자 공산주의 국가인 북한 출신이기 때문에 한국 땅에 발이 닿는 순간부터 정부의 관리를 받는다. 입국한 후에는 국가정보원에서 조사를 받아야 하고 그 후에는 통일부의 하나원에서 12주 동안 사회 적응 교육을 받아야 한다. 한국 사회에 정착하기 위해 정치와 경제 체제가 다른 북한에서 배우고 체득한 모든 지식과 정보를 버리고 그 자리를 한국의 것으로 채워야 한다.

하나원 교육이 끝나면 사회에 본격 정착하게 되는데 정부는 탈북민의 순조로운 정착을 위해 1인 세대 기준 900만 원의 정착지원금과 1600만 원의 주거지원금을 지급한다. 취업장려금, 긴급생계비지원 등도 지원된다. 많은 돈 같지만 새로운 사회에 적응하고 자립하는 데 상당한 시간이 걸릴 수밖에 없는 탈북민들에게는 금방 사라질 수도 있는 액수다. 정착 후에는 5년의 거주지 보호 기간 동안 경찰과 지방자치단체로부터 정착에 필요한 자금과 신변 보호 지원을 받는다. 이 모든 관리와 지원을 보면 한편으로 과분한 돌봄과 나아가 특혜를 받는 것 같다. 그러나 다른 한편으로 보면 이는 탈북민들이 정착하고 자립하는 데 어려움이 있고 사회적 위치와 개인적 능력이 취약함을 보여준다. 다른 국가 출신의 외국인들이 한국 사회에서 스스로 적응하고 정착하는 것과 비교해도 매우 이례적이다.

탈북민은 한국 국적을 가지고 있지만 보통 다른 한국인보다 어려운 환경에서 산다. 특히 안정적인 일자리를 구하기 힘들어서 생활에 어려움을 겪는다. 남북하나재단이 탈북민 2198명의 표본조사 결과를 분석한 「2022 북한이탈주민 정착실태조사」에 따르면 2022년 5월 기준으로 탈북민 남성의 63퍼센트, 여성의 59.2퍼센트가 경제활동을 하고 있었다. 실업률은 6.1퍼센트로 같은 시기 전체 실업률인 3퍼센트보다 두 배 이상 높았다. 직업 유형으로는 단순 노무직이 21.2퍼센트로 가장 높았고, 다음은 서비스직으로 19퍼센트였다. 전문직과 사무직은 각각 11.6퍼센트로 비교적 낮았다. 근속 기간은 남성이 31.3개월, 여성이 35.3개월로 이직이 잦은 것으로 나타났다. 통계청에 따르면 2022년 기준으로 탈북민 임금노동자의 34.6퍼센트는 월 급여가 200만 원 미만이었다. 여성 노동자의 경우에는 월 급여 200만 원 미만이 43.6퍼센트나 됐다. 전체 탈북민 임금노동자의 15.3퍼센트는 월 급여가 150만 원 미만이었고, 150·200만 원을 받는 경우는 19.4퍼센트였다. 2022년 최저임금 기준의 월 급여(시급 9160원에 하루 8시간, 주 5일 노동 기준)는 191만 원이었다. 이 모든 수치는 탈북민들이 안정적인 경제생활을 하지 못하고 일자리 적응에도 어려움을 겪고 있음을 보여준다.

많은 탈북민이 아르바이트를 전전하고 그마저도 편견과 무시 때문에 일자리를 구하지 못하거나 오래 일하기가 힘들다. 탈북민 C 씨는 강원도 고성 출신이라고 거짓말을 해서 공장 면접에 합격했다. 같이 갔던 탈북민 친구들은 떨어졌다. 면접관에게 떨어뜨린 이유를 물으니 "회사에 오면 적응하기 어려울 것"이라는 말을 들었다. 고깃집에서 일했던 D 씨는 사장으로부터 "북한에서는 이런 거 못 먹지?", "제대로 못 먹었지?" 같은 말을 들었다. 한 회사에서 인턴으로 일했던 E 씨는 동료들의 대화에 낄 수 없었고 밥 먹을 때도 편하지 않았다. "저에게는 말도 안 걸고 자기들끼리만 이야기했으니까 따돌림이라고 생각해요. 그 차이를 좁히려는 노력을 많이 했어요"라고 말했다.* 불안정한 일자리만큼 언어적, 정서적 따돌림과 공격으로 받는 상처 또한 정착을 힘들게 하는 요인 중 하나임을 알 수 있다.

---

* 「북한이탈주민, 목숨 걸고 넘어왔지만… '차별'의 벽 높아」, 〈가톨릭평화신문〉 2023년 2월 1일.

많은 탈북민이 아르바이트를 전전하고 그마저도 편견과 무시 때문에 일자리를 구하지 못하거나 오래 일하기가 힘들다. 불안정한 일자리만큼 언어적, 정서적 따돌림과 공격으로 받는 상처 또한 정착을 힘들게 하는 요인 중 하나임을 알 수 있다.

차별은
계속된다

탈북민들은 구직 과정에서, 그리고 일터에서 부당하고 차별적인 대우를 경험하는 것으로 나타났다. 다른 노동자들도 부당하고 차별적인 대우를 받는 경우가 있지만 탈북민들은 보통의 노동자들이 이제는 거의 겪지 않는 형태의 차별을 경험했다. 국가인권위원회에 진정된 사례를 통해 보면 채용 과정에서 탈북민은 신원 부정확, 보안 문제, 북한식 억양, 고객 불편, 회사 이미지 고려 등의 이유로 채용되지 않았다. 모두 '탈북민'이라는 정체성과 북한 출신이라는 점 때문에 불신을 받고 채용을 거절당한 경우였다. 채용된 후에는 임금 및 노동조건에서 차별을 받았다. 탈북민은 임금 인상에서 제외되거나 처음부터 낮은 임금을 받기도 했다. 탈북민 여성들은 성차별과 성적 괴롭힘을 당하기도 했다. 채용 면접에서 탈북민이라고 거절했다가 이후 따로 만나자고 접촉하거나 채용 과정에서 금품을 제공하고 성적 접촉을 시도하는 경우 등이 국가인권위원회에 사례로 진정됐다. 탈북민들은 보편적인 인권 의식이나 성인지적 관점이 남한 출신의 여성과 다를 수 있고, 탈북 과정에서 성차별, 성폭력, 성적 괴롭힘 등을 겪은 경우 한국에서의 사례를 심각하지 않게 여길 수도 있다.* 그런데 사례들은 탈북민을 쉬운 상대로 여기고 채용 과정에서 성범죄가 시도됐음을 보여준다. 탈북민 중 여성의 비율이 약 80퍼센트를 차지한다는 점을 고려하면 많은 탈북민이 유사 범죄에 노출될 수도 있는 심각한 상황이다.

탈북민이 채용 과정과 일터에서 겪는 차별은 많은 외국인 노동자들이 겪는 차별과 비슷하지 않을까? 그렇다고 생각할 수 있다. 그러나 저변에 깔린 원인을 보면 다르다는 걸 알 수 있다. 앞의 사례들에서 고용주들이 채용을 거부할 때 지적했던 점은 '북한 출신'이기 때문에 신원을 알 수 없다는 것, 그러므로 믿을 수 없다는 것이었다. 또한 북한 말투가 탈북민임을 드러내고 그것이 고객에게 불편함을 주고 회사 이미지를 해칠 수 있다는 점이었다. 이런 점은 외국인 노동자들에게도 거의 대지 않는 이유다. 결국 탈북민들은 '북한 출신'이라는 정체성 때문에 불이익을 당하고 차별을 받는다. 이런 이유로 신분이 밝혀지는 것을 꺼리거나 '북한' 출신이 아닌 '강원도' 출신이라고 말하는 탈북민도 있다고 한다.

남북하나재단의 「2022 북한이탈주민 실태조사」에 따르면 탈북민 중 19.5퍼센트가 차별 또는 무시를 경험했다고 답했다. 탈북민 5명 중 1명은 차별과 무시를 경험했다는 얘기다. 남성

---

* 이수연, 「북한이탈주민 여성에 대한 일터 내 차별과 괴롭힘」, 「젠더법학」 제14권 1호·통권 제26호(2022. 7.), 121~156쪽, 140~147쪽.

의 비율은 17.4퍼센트, 여성의 비율은 20.2퍼센트였다. 남한 거주 기간이 길수록 차별과 무시의 경험이 줄어드는 것으로 나타났다. 남한 거주 기간 3년 이하에서는 28퍼센트, 3~5년 미만에서는 23.5퍼센트가 차별과 무시를 경험했다고 답했다. 그런데 10년 이상 거주한 탈북민 중에서도 18.2퍼센트가 차별과 무시를 경험했다고 답했다. 구체적으로 어떤 이유로 차별이나 무시를 당했다고 생각하는지에 대해서는 '말투, 생활 방식, 태도 등 문화적 소통 방식이 다르다는 점에서'라는 응답이 75퍼센트로 가장 많았고, 다음으로 '남한 사람이 탈북민 존재에 대한 부정적 인식(세금 부담 증가 등)을 가지고 있어서'에 44.2퍼센트, '전문적 지식과 기술 등에 있어 남한 사람에 비해 능력이 부족하다고 생각되어서'에는 20.4퍼센트, '언론에서 북한 체제와 북한이탈주민들에 대한 부정적 보도의 영향으로'에는 15.4퍼센트가 답했다.

정착 기간이 오래 지나도 경제적으로 안정된 삶을 꾸리기 어렵고 게다가 차별까지 경험하니 탈북민들은 한국 사회에서 살기가 녹록지 않다. 그래서인지 탈북민의 자살 충동 경험은 일반 국민에 비해 높게 나타났다. 「2022 북한이탈주민 사회통합조사」에 따르면 자살 충동 경험 여부에 대해 '있음'이라고 답변한 비율이 11.9퍼센트였다. 이것은 일반 국민의 5.7퍼센트보다 두 배 이상 높은 수치였다. 그래도 이 수치는 2021년의 13.3

퍼센트보다 낮아진 것이었다. 이유를 보면 '신체적·정신적 질환, 장애'가 32.7퍼센트로 가장 높았고, 다음으로는 '경제적 어려움'이 22.4퍼센트였다. 그다음은 '외로움, 고독'이 12.8퍼센트를 차지했다. 성별로 보면 남성 중에는 7.3퍼센트가, 여성 중에는 13.3퍼센트가 자살 충동을 경험했다고 답했다. 남성은 '외로움, 고독'이 28.6퍼센트로 가장 높게 나타났고 여성은 '신체적·정신적 질환, 장애'가 34.4퍼센트로 높게 나타났다. 실제 자살율도 일반 국민에 비해 높았다. 통일부의 「북한이탈주민 자살율 현황」 자료에 따르면 2016년부터 2020년까지 탈북민 사망자 10명 중 1명이 자살했다. 탈북민 자살율은 10.1퍼센트로 일반 국민의 자살률 4.5퍼센트에 비해 두 배 이상 높은 수치였다.

한 사람의 정체성은 여러 가지 배경과 경험으로 형성된다. 그중 민족, 고향, 국가 등은 보통 정체성에서 가장 중요한 부분을 차지하는데 아이러니하게도 스스로 선택할 수 없는 것이다. 그래서 타인이 또는 다른 사회가 민족, 고향, 국가 등을 이유로 차별을 가하는 건 보편적 인권과 윤리의 면에서 용인되지 않는다. 그러나 탈북민들은 같은 민족이기에 자신들을 환영해줄 것이라고 믿은 남한 출신 한국인들로부터 출신 배경 때문에 차별을 받는다. 일자리를 얻고 안전하게 살기 위해 때로 자기 정체성을 부인해야 하는 절망적인 상황을 경험한다.

탈북민은
정말 한국인인가

2020년 1월 한 신문에 탈북 청소년과 주민들의 자녀가 다니는 대안학교에 대한 기사가 실렸다. 내용은 학교가 이사할 곳을 찾을 수 없다는 것이었다. 계약 만료를 앞둔 학교는 이사할 적당한 곳을 찾지 못해 어려움을 겪고 있었다. 학교는 서울시에 도움을 요청했고 서울시는 서울주택도시공사가 가진 부지 중 은평뉴타운에 10년째 비어 있는 부지를 찾았다. 학교와 학생들은 그곳에 가면 운동장도 생길 것 같아서 꿈에 부풀었다. 그런데 일부 주민들이 학교 이전을 강하게 반대했고 그에 따라 은평구는 행정 절차를 중단시켰다. 학교를 지으려면 부지의 용도 변경 신청을 구청이 서울시에 해야 하는데 그 절차를 진행하지 않기로 한 것이다.

주민들은 편익 시설 용지에 학교가 들어오면 안 된다며 반대했고, 학교를 지으려면 은평뉴타운 내 과밀 학급 문제부터 해결하라고 주장했다. 그러나 그것은 표면적인 이유였을 뿐이고 진짜 이유는 '탈북자 학교'에 대한 반감 때문이었다. 주민 중 한 명은 이런 내용을 담아 청와대 국민청원에 올렸고 은평구청은 탈북민 대안학교에 대한 주민들의 반대를 인정했다. 구청 관계자는 "구의회의 의견 청취 과정에서 상당히 반대 민원이 심했고, 공청회에서도 주민 반발이 심했다"며 반대 민원이 130건 이상 접수됐다고 했다. 서울시는 은평구청의 요청이 없이 용도 변경을 결정할 수 없다며 "은평구와 협의를 계속해 나갈 것"이라고 했다. 그러면서도 "어느 지역이 선정되든 민원은 있을 수밖에 없을 것"이라고 현실적인 문제를 언급했다. 결국 이 학교는 은평구로 이사하지 못했다.

앞의 사례는 탈북민에 대한 사회적 인식을 잘 말해준다. 탈북민은 '특별한' 사람들이기 때문에 멀리에 존재하는 건 괜찮지만 그들이 이웃이 되는 건 용납할 수 없다는 인식이다. 탈북민의 '특별함'은 한국에서 태어나고 자란 한국인이 아니라는 점이고 그래서 신뢰할 수 없다는 것이다. 하지만 그것이 다일까? 한국에서 태어나지도 자라지도 않은 해외동포 2세, 3세들도 그렇게 생각할까? 당연히 그렇지 않다. 결국 탈북민에게 더 중요한 '특별함'은 북한 출신이라는 점이다. 북한에 대한 불신과 적대감, 북한의 빈곤함, 북한에 대한 정보 부족 등이 탈북민에 대한 부정적인 인식에 영향을 준다. 탈북민은 대한민국 국민이지만 많은 한국인이 탈북민을 여전히 가까이 두기엔 너무 불편하고 싫은 '이방인'으로 인식하고 있다. 이런 이유로 탈북민의 사회적 지위와 삶은 항상 불안정하다.

탈북민에 대한 인식과 관련해 2019년 9월 흥미로운 조사가 있었다. 〈매일경제〉와 한국리서치가 19세 이상 1039명을 대상으로 '북한이탈주민에 대한 대국민 인식조사'를 실시했다. 결과에 따르면 응답자의 83.9퍼센트가 '탈북민은 우리 국민'이라고 답했다. 그런데 탈북민을 기꺼이 사위나 며느리로 삼겠다는 응답은 9.4퍼센트에 불과했다. 더 흥미로운 질문과 결과도 있었다. '탈북민이 방을 월세로 계약하러 왔다면 어떻게 하겠느냐'는 질문에 응답자의 40.2퍼센트가 '바로 계약하지 않고 한 번 더 고려하겠다'고 답했다. '병원에 진료를 받으러 갔는데 의사가 탈북민이라면 어떻게 하겠냐'는 질문에는 25.5퍼센트가 '남한 출신 의사가 있는 곳으로 병원을 옮기겠다'고 답했다.* 절반이 안 되는, 그리고 4분의 1 정도의 사람만이 부정적 인식을 드러냈다는 점을 위안으로 삼을 수도 있다. 그러나 이것은 그 정도로 많은 사람이 탈북민을 차별하고 때로 탈북민에게 노골적인 거부의 태도와 행동을 보일 수 있음을 의미한다. 그리고 그로 인해 탈북민들이 상처를 받을 수 있음을 의미한다.

탈북민을 한국 국민으로는 인정하지만 가족 구성원이나 직접 접촉하는 사람으로 받아들이지는 않겠다는 응답은 매우 모순적으로 들린다. 같은 사회에 살면 당연히 가족이나 지인이 될 가능성이 있는데 말이다. 왜 이런 모순되는 응답 결과가 나왔을까? 이유는 응답자들이 탈북민의 존재와 법적 지위는 인

---

* 「[탈북민 디아스포라 ④] "탈북민도 우리 국민" 84% "내 며느리로 괜찮아" 9%」, 〈매일경제〉 2019년 10월 21일.

정하지만 탈북민과 개인적 관계를 맺는 건 거부하기 때문이다. 이는 미지의 사회에서, 다른 한편 부정적 인식이 가장 높은 사회에서 온 사람들에 대한 막연한 불신과 두려움에서 비롯된 것일 수 있다. 어찌 보면 외국인 노동자나 난민이 이웃이 되는 걸 거부하는 정서와 비슷해 보이기도 한다. 그런데 탈북민은 민족적 배경이 같고 사투리가 있지만 같은 언어를 쓰고 정서적으로 공유하는 게 많다는 점에서 외국인 노동자나 난민과는 다르다. 북한에 대해서는 상세한 상황은 모르지만 탈북민이 참기 힘들 정도로 열악한 생활환경을 벗어나기 위해 북한을 떠나 남한으로 온 것도 안다. 그렇다면 무슨 이유일까? 가장 근본적으로는 탈북민을 한국인으로서 자격을 갖춘 사람으로 인정할 수도 신뢰할 수도 없다고 생각하기 때문이 아닐까? 상황에 따라, 그리고 개인적 판단에 따라 '진정한' 한국인으로 인정할 수도 인정하지 않을 수도 있다고 생각하기 때문이 아닐까?

'탈남'을 감행하다

2022년 1월 1일 밤 휴전선의 동부전선 경계 지역에서 신원 미상 인물이 월북하는 사건이 발생했다. 그는 오후 6시 40분쯤 비무장지대 남방한계선 남쪽의 GOP(일반전초, general outpost)

철책을 넘었고, 9시 20분쯤에는 비무장지대 내 GP(감시초소, guard post) 인근에서 감시 장비에 포착됐다. 그러나 국군의 추적을 피해 10시 40분 군사분계선을 넘어 월북했다. 곧 월북자의 신원이 밝혀졌는데 2020년 11월 4일 역시 군사분계선을 넘어 월남했던 탈북민이었다. 당시에도 그는 국군의 경계와 수색을 따돌리고 군사분계선과 GOP를 넘어 월남한 후 자수했다. 그는 '점프 귀순 탈북자'로 불렸고, 경계에 실패하고 귀순자를 놓친 군은 심한 질타를 받았다. 그가 월북한 후에는 같은 인물을 두 번이나 놓친 점 때문에 군은 조롱을 받았고 대국민 사과까지 해야 했다. 그의 월북 이유는 밝혀지지 않았고 여러 가지 추측만 나돌았다. 일부 언론은 간첩이었을 것이라는 의혹을 제기하기도 했지만 증거는 없었다. 확실하게 밝혀진 건 그가 사람들과 접촉하지 않고 일만 하면서 외롭게, 그리고 기초생활급여를 받으며 어렵게 살았다는 점이었다. 그와 접촉했던 한 단체도 그가 혈혈단신으로 남한으로 와서 외로움을 많이 탔던 것 같다고 했다.

사건과 관련해 가장 논란이 된 건 군의 경계 실패였다. 두 번이나 군사분계선과 GOP 철책을 넘는 사람을 놓쳤는데 하필 같은 사람이었으니 군의 체면이 말이 아니었다. 다른 한편에선 군의 경계 실패보다 탈북민이 월북을 감행하는 이유에 대한 지적이 이어졌다. 2022년 9월 국정감사에 제출한 통일부 답변 자료에 따르면 2012년부터 2022년까지 통일부가 공식적으로 확인한 재입북자, 다시 말해 탈북민 월북자는 총 31명이었다. 통일부는 재입북 사유에 대해 "정착 과정의 어려움, 재북 가족에 대한 그리움, 기타 다양한 요인이 복합적으로 작용했을 것"이라고 답했다.

사건이 일어난 후 국가인권위원회는 "안타까운 마음"이라며 성명을 발표했다. 인권위는 "죽음을 무릅쓰고 우리 사회에 정착하고자 왔다가 또다시 생명의 위협을 감수하고 월북"한 것에 주목하면서 "북한이탈주민들이 우리 사회에 성공적으로 정착하기 위해서는 아직도 많은 어려움이 있음을 보여준다"고 지적했다. 2017년 국가인권위원회의 「북한이탈주민 인권 피해 트라우마 실태조사」에 따르면 외상후스트레스장애(PTSD) 때문에 진료가 필요한 탈북민이 조사 대상자의 56퍼센트에 달했고 자살 고위험군도 25퍼센트나 됐다. 국가인권위원회는 성명에서 "북한이탈주민이 차별과 편견으로 인한 사회적 고립감을 느끼지 않고 하나로 어우러져 살 수 있는 포용 사회를 만들기 위해 노력하겠다"고 덧붙였다. 이 성명은 결국 한국 사회가 탈북민에게 포용적이지 않다는 점, 그리고 탈북민들이 차별과 편견, 사회적 고립감을 겪고 있음을 인정한 것이었다.

사실 월북하는 탈북민보다 남한을 떠나 미국, 캐나다, 영국 등 제3국으로 가는 '탈남' 탈북민이 많다. 이유는 경제적 어려움, 한국 사회의 차별, 미래에 대한 불안감 등 때문이다. 탈북민인 김 씨는 2013년에 탈남을 해 캐나다로 갔다. 주된 이유는 자녀 교육 때문이었다. 부모가 북한 출신이라는 이유로 아이가 친구들한테 따돌림을 받았고 '탈북'이라는 꼬리표가 아이에게까지 대물림될 것이 두려워 탈남을 감행했다. 김 씨는 캐나다에서 몇 년 동안 만족스러운 생활을 했지만 난민 지위를 얻지 못해 결국 한국으로 돌아왔다. 캐나다가 탈북민 난민 수가 급증하자 심사 요건을 까다롭게 했기 때문이다.* 탈북민 난민 신청자가 많아지자 2014년 무렵부터 영국과 캐나다 이민 당국은 난민 심사를 강화했다. 그 결과 난민 지위를 받지 못하고 불법 체류자로 전락해 제3국에서 떠도는 탈북민이 많아졌다.

합법적으로 이민을 가는 경우도 있지만 처음부터 위장 망명을 시도하는 경우도 있다. 2009년 영국 정부는 한국 정부에 위장 망명을 신청한 탈북민 500여 명을 빨리 데려가라는 요구를 여러 차례 하기도 했다. 제3국으로 출국했다 돌아오지 않는, 즉 '탈남'한 것으로 여겨지는 탈북민은 2015년 664명에서 2016년에는 746명, 2017년에는 772명으로 늘었다. 2019년에는 771명이었다.** 이런 통계에 대해 2022년 1월 통일부는 제3국으로 망

---

* 「[탈북민 3만 시대 ④] 남한이 싫어서 다시 해외로」, 〈TOPDaily〉 2019년 6월 18일.
** 이원종·백남설, 「북한이탈주민 탈남 실태분석 및 대응방안 연구」, 『한국경찰학회보』 제23권 3호(2021), 49~76쪽, 59~64쪽.

명하는 탈남 탈북인이 한 해 700여 명에 달한다는 주장은 오류라고 했다. 그 통계는 관광 목적 출국 등이 포함된 단순 출국 통계라고 주장했다. 전수조사를 하지 않는 한 어느 쪽의 주장이 확실한지는 알 수 없다. 그런데 통일부 통계에 따르면 2022년 12월 기준으로 한국에 입국한 탈북민은 3만 4000명이었고 실거주 중인 탈북민은 약 2만 7000명인 점으로 보아 상당히 많은 수가 탈남을 감행한 게 사실인 것으로 추정할 수 있다. 2021년 북한인권정보센터가 탈북민 407명을 대상으로 한 조사에 따르면 응답자의 18.5퍼센트가 '북한으로 돌아가고 싶다는 생각을 해봤다'고 답했다. 이는 2020년의 14.8퍼센트보다 3.7퍼센트나 높아진 수치였다. 미국, 중국, 영국 등지로 이주할 생각이 있다는 응답도 26.3퍼센트나 됐다. 새로운 삶을 살기 위해 한국에 온 탈북민 중 상당수가 이제는 한국을 떠나고 싶어한다.

탈북민의 월북으로 시작된 탈남 탈북민에 대한 논란을 보면서 마음을 조리는 사람들이 있었다. 바로 탈북민들이었다. 그들은 탈북민에 대한 시선이 더 따가워지고 자신들에게 비난이 향할까봐 마음을 졸였다. 한 탈북민은 "북한 사람들에 대한 이미지를 나쁘게 생각하는 그런 게 한번 뉴스에 뜬다든가 하면 탈북자들의 마음이 더 조마조마해요"라고 말했다. 월북한 탈북민에 공감을 표하기도 했다. 또 다른 탈북민은 "월북한 사람의 심정을 이해할 것 같아요. 월북이 겁나지만 여기 사는 게 그걸 뛰어

넘을 정도로 더 힘들었으니까 그랬던 거 아닐까요"라고 했다.

탈남을 감행하는 탈북민을 보는 남한 출신 한국인들의 심정은 복잡할 수밖에 없다. 자신들을 받아준 한국을 버리는 탈북민들을 비난하기도 하고 자신들이 적응하지 못했으면서 한국 사회를 탓한다고 생각하기도 한다. 많지는 않지만 모든 탈북민은 신뢰할 수 없다고 결론을 내는 사람들도 있다. 그런데 한 가지는 분명하다. 탈북민에게 한국은 어떻게 해서라도 적응해 살고 싶은 곳이라는 점이다. 안 좋은 면이 있어도 말이 통하고 다른 사회보다 문화적 이질감도 덜한 곳이니 말이다. 하지만 긍정적인 면보다 부정적인 면이 더 많다면, 결정적으로 나은 미래를 기대할 수 없다면 떠날 수 있는 곳이기도 하다. 가족도 지인도 살가운 이웃도 없다면 말이다.

북한에도 남한에도
속하지 않다

대다수 한국인은 탈북민을 한국 국적을 가진 '이방인'으로 여긴다. 탈북민을 개인보다는 특이한 '집단'으로 인식한다. 지인 중에 탈북민이 있거나 탈북민을 직접 만나본 적이 없기 때문일 것이다. 2019년 9월에 실시된 '북한이탈주민에 대한 대국민 인식조사' 결과에 따르면 응답자의 74.9퍼센트가 탈북민을 만나본 적이 없다고 답했고 64.8퍼센트가 탈북민 문제에 관심이 없다고 답했다. 그러니 탈북민에 대한 편견과 선입견이 크고 북한과 함께 탈북민의 정체성을 인식하는 경우가 흔하다. 북한에 대한 부정적 이미지를 탈북민에 대한 부정적 이미지로 연결시키기도 한다. 이성적으로는 북한 체제하에서의 삶을 거부하고 떠난 사람들이기 때문에 한국 사회와 충돌할 게 없다고 생각한다. 하지만 북한에서 산 사람들이기 때문에 신뢰할 수 없고 북한식의 정서와 생각을 가지고 있어서 남한 출신 한국인과는 잘 섞일 수 없는 사람들이라고 생각한다. 탈북민에게 북한이 고향인 건 맞다. 하지만 그들에게 북한 정부와 고향은 별개다. 그런데도 많은 남한 출신 한국인은 북한을 포괄적으로 이해하고 탈북민을 북한과 분리할 수 없는 존재로 인식한다.

탈북민을 항상 북한과 관련해 이해하는 사람들은 북한에 대한 반감과 증오를 탈북민에 대한 비난으로 표출하기도 한다. 한 탈북민은 "북한의 도발이 있을 때면 차별 발언이 심해지는 걸 느낀다"고 했다. 북한을 떠나 한국을 선택했고, 그래서 북한으로부터 배신자로 낙인찍힌 탈북민들에게는 이해하기 힘들고 억울하기도 한 일이다. 결국 탈북민은 정서적으로 북한에도 한국에도 속하지 못하는 이방인의 삶을 산다. 한 탈북민의 글은 어디에도 속하지 못한 채 떠도는 탈북민들의 심정과 상황을 잘 보여준다.

(탈북민은) 북한에서는 배신자로, 북한을 떠나는 순간 북한 체계의 피해 자로 묘사된다. 그리고 한국 사회에서는 북한 체제의 증언자인 동시에 이등, 삼등 국민으로 취급된다. 결국 한반도 분단이 만든 탈북민은 북한을 나온 탈출자인 동시에 남북한 어느 곳에서도 제대로 인정받지 못하는 사생아이기도 한 것이다. 분단이 주는 이러한 낙인효과와 무게를 스스로 벗어던지고 국제사회의 미아로, 디아스포라로 남기를 원하는 이들이 점차 많아지고 있다.[*]

1995년 북한은 대홍수를 겪었다. 2021년 9월 유엔 세계기상 기구(WMO)는 1970년에서 2019년 사이 발생한 자연재해 피해 현황을 토대로 1995년 북한의 대홍수를 50년 사이 전 세계에서 발생한 10대 자연재해 중 하나로 꼽았다. 대홍수로 68명이 사망하고 전체 인구의 4분의 1에 해당하는 520만 명이 이재민이 됐다. 대홍수 이전부터 악화일로였던 경제 상황은 대홍수 후 최악이 됐고 자신과 가족의 생계를 위해 북한을 떠나는 사람들이 생겼다. 한국에 탈북민이 입국하기 시작한 것도 이때였다. 통일부 통계에 따르면 1998년까지 입국한 탈북민은 947명이었다. 그 후 해마다 증가했고 2006년에는 2000명을 넘어섰다. 2009년 2914명으로 정점을 찍었던 탈북민은 점차 줄어

---

[*] 「[탈북 교수 주승현의 '우리는 모두 조난자다'] (8) 다시 차별의 경계선을 넘는 '디아스포라'」, 〈주간경향〉 1220호, 2017년 4월 4일.

2012년에는 1500명 정도가 됐다. 그 후 1000명대를 유지하다가 코로나19가 시작된 2020년에는 135명으로 급감했다.

대다수 탈북민은 생계를 위해 북한을 떠난 사람들이다. 한국 정부는 헌법이 한반도 전체를 대한민국 영토로 명시하고 있는 것에 근거해 탈북민을 받아들이고 국적을 부여한다. 동시에 탈북민이 적대적 관계인 북한을 저버린 사람들이기 때문에 정치적인 이유에서 탈북민을 적극적으로 받아들이는 면도 있다. 그러나 한국 정부는 탈북민이 무난하게 한국 사회에 정착할 수 있도록 충분히 지원하고 돌보지는 않았다. 특히 국민들이 정서적으로 탈북민을 받아들이고 같은 국민으로 인식하고 인정할 수 있도록 긍정적인 사회 환경을 만들지 못했다. 그렇게 하지 못한 가장 큰 이유 중 하나는 남북 관계를 개선하지 못했기 때문이다.

많은 사람이 탈북민이 북한 정부하에서 살기를 거부하고 떠난 사람들이지만 그들이 북한 출신인 건 변하지 않는 사실이라고 생각한다. 많은 사람이 가지고 있는 북한에 대한 부정적 인식과 감정, 그리고 적대감은 탈북민에 대한 의심과 불신이 되곤 한다. 남북 관계가 악화되고 군사적 대립과 긴장이 높아지는 상황에서는 더욱 그렇다. 결국 적대적이고 대립적인 남북 관계가 탈북민을 정서적으로 받아들이는 데 걸림돌이 되고 있는 것이다.

북한과 관계를 개선하려는 한국 정부의 노력은 간헐적이었다. 남북 정상회담은 2000년에 한 번, 2007년에 한 번, 그리고 2018년에 세 번 있었다. 그때마다 정상회담 선언문이 채택됐고 그 후 협력사업, 군사회담, 남북교류 등이 이어졌다. 그러나 어느 것도 오래 지속되지 않았다. 1998년 11월 시작됐던 금강산 관광은 2008년 7월 남한 관광객 사망 사고 이후 중단됐고, 2000년 남북 정상회담의 가장 큰 성과였던 개성공단은 2004년 12월에 완공돼 가동을 시작했지만 2016년 2월 10일 한국 정부의 일방적인 결정으로 폐쇄됐다. 2018년에 있었던 세 번의 남북 정상회담이 무색하게 2019년부터 남북 관계는 다시 악화됐고, 북한의 핵무기와 미사일 실험은 계속됐다. 남한은 군사력 증강과 한미군사훈련을 강화했고 핵무기 탑재 전투기와 항공모함 등 미국의 잦은 전략 자산 전개로 남북의 군사적 긴장은 높아졌다. 남북의 대립과 군사적 긴장이 높아지는 가운데 2022년 한국 정부는 북한을 다시 '적'으로 규정했다. 2022년부터 2023년까지 남북의 적대적 관계와 군사적 대립은 최고 수준으로 악화됐다.

남북 관계가 개선될 수 있을까? 남북 관계가 개선되면 탈북민에 대한 사회적 인식이 달라질 수 있을까? 둘 다 답을 찾기 어려운 질문이다. 남북 관계는 단기간에 개선될 수 없고 지속적이고 치열한 노력이 필요하다. 특히 정치적, 군사적 대립과 긴장이 높은 상황에서는 우선 상호 공격과 비난을 중단하는 데에도 많은 시간과 노력이 필요하다. 탈북민을 배신자로 보는 북한의 인식은 남북 관계가 개선되더라도 변하지 않을 것이다. 그러나 남북 관계가 개선되면 한국 사회에서 탈북민에 대한 반감과 의심은 줄어들고 자연스럽게 차별과 공격 또한 줄어들 가능성이 높다. 탈북민을 남북의 평화적 공존과 한반도의 평화 정착을 모색하기 위해 필요한 인적 자원으로 생각하는 사람들도 늘어날 것이다. 반대로 남북 관계가 개선되지 않으면 탈북민은 한국 사회에서 계속 적국인 북한 출신의 이방인으로 살 수밖에 없다. 계속 차별을 받고 남북 관계가 악화되고 군사적 긴장이 높아질 때마다 소환돼 의심과 비난을 받으면서 살 수밖에 없을 것이다. 그러므로 탈북민의 안전하고 편안한 삶을 위해서도 남북 관계의 개선은 불가피하다. 북한에도 남한에도 속하지 않는 조난자이자 이방인 같은 탈북민들의 삶은 남북이 서로를 인정하고 이해할 때 비로소 종지부를 찍을 수 있지 않을까.

8 _____

왜 기후변화를 외면하는가

2023년 여름,
기록을 갈아치우다

2023년 여름은 최악이었다. 세계는 이른 여름을 맞았다. 한국도 마찬가지였다. 5월에 이미 한여름 날씨를 보였고 6월 중순 이후에는 본격적인 여름이 시작됐다. 보통 7월이 되어야 뜨거운 여름이 시작됐던 것에 비하면 한참 빠른 것이었다. 이미 4월부터 인도, 방글라데시, 태국, 라오스 등에서는 40도를 넘어 45도에 육박하는 더위가 나타났다. 캐나다 브리티시컬럼비아주의 주요 도시는 5월에 36도를 기록했다. 높은 온도와 건조한 날씨로 캐나다에서는 3월에 발생한 산불이 몇 개월 동안 계속됐다. 산불은 과거 10년 평균의 15배인 2000여 건에 달했고 평균 피해 면적도 과거 10년 평균의 18배에 달했다. 산불로 캐나다 오타와와 몬트리올의 대기질은 세계 주요 도시 중 최악을 기록했고 미국 동부의 뉴욕과 워싱턴 D.C.까지 하늘이 뿌옇게 됐다. 대기질 악화로 뉴욕과 필라델피아에서는 야구 경기가 취소되기도 했다.

6월엔 세계 곳곳에서 역대 최고 기온의 폭염이 시작됐다. 시베리아의 기온은 37.9도를 찍어 역사상 기록을 깼고, 중앙아메리카의 푸에르토리코는 48.9도를 기록했다. 여름이 본격적으로 시작된 7월에는 세계 곳곳에서 인간의 생존을 위협하는 수준의 고온 현상이 나타났다. 이란 페르시아만의 기온은 65도까지 치솟았고, 중국 신장위구르 자치구는 52도를 기록했다. 미국 캘리포니아 데스밸리는 53도를 기록했고, 애리조나주 피닉스에서는 40도 이상 고온이 19일 이상 지속됐다. 세계 곳곳에서 최고 기온 기록이 깨졌고 많은 사람이 목숨을 잃었다. 적도 부근의 해수 온도가 평년보다 높아지는 엘니뇨 현상 때문이라고 하지만 거기에 지구온난화와 그로 인한 기후변화까지 겹쳐 생긴 일이었다.

한국은 2023년 7월 최악의 홍수를 겪었다. 7월 14일 하루 동안 전북 군산에는 373밀리미터, 충남 청양에는 500밀리미터가 넘는 폭우가 내렸다. 한국환경연구원은 군산에 온 비는 100년에 한 번, 청양은 500년에서 1000년에 한 번 있는 정도의 폭우였다고 분석했다. 폭우는 며칠 동안 계속됐고 그 결과 사망자 41명, 실종자 9명이 발생했다. 폭우로 인한 최악의 인명 피해였다. 해마다 비 피해가 있었고 2023년은 엘니뇨의 영향이 있었다고 하지만 그래도 이례적인 수준의 폭우였다. 전문가들은 1995년 이후 한반도의 여름 강우량이 그 이전에 비해 20퍼센트 이상 증가했는데 이는 지구온난화로 수증기의 양이 증가해 폭우가 잦아졌기 때문이라고 밝혔다.

폭염과 함께 지구온난화와 기후변화의 심각성을 알려주는 모든 지표가 최악이었다. 세계 곳곳의 기온은 최고 기록을 연달아 갈아치웠고 3월부터 오르기 시작한 해수면 온도도 최고치를 경신했다. 엘니뇨의 영향으로 열대지방과 해양이 예상했던 것보다 빠르게 더워진 것이 원인이었다. 전문가들은 엘니뇨가 공식 발표되기 전부터 열대지방과 해양이 빠르게 더워지고 있었다고 했다. 기후변화로 인해 엘니뇨의 영향이 극대화됐던 것이다. 남극의 빙하 규모는 최저치를 기록했다. 2022년의 최저치보다 13만 제곱킬로미터나 적은 수준이었다. 지구온난화의 주범인 대기 중 이산화탄소 농도는 사상 최고치를 기록했다. 미국 국립해양대기청(NOAA)은 5월에 대기 중 이산화탄소 농도가 424ppm으로 사상 최고 기록을 세웠으며 산업혁명 이전과 비교하면 50퍼센트 이상 높은 수준이라고 밝혔다.

2023년 6월 15일, 유럽연합의 기후변화 감시 기구인 '코페르니쿠스 기후변화 서비스(Copernicus Climate Change Service, C3S)'는 6월 1~11일 지구 표면 대기 온도의 평균이 역대 같은 기간과 비교해 최고 수준을 기록했다고 밝혔다. 또한 사상 처음으로 6월의 온도가 산업화 이전보다 1.5도 넘게 올랐다고 했다. 1.5도는 2015년 파리기후협정을 통해 국제사회가 설정한 지구 온도 상승의 상한선이자 기후변화 최후의 방어선이다. 이 발표는 약 한 달 전인 5월 17일 세계기상기구(WMO)가 밝힌 내용보다 우리가 직면한 상황이 심각하다는 것을 확인해주었다. 세계기상기구는 보고서를 통해 지금까지 가장 더웠던 해가 2016년인데 이 기록이 5년 이내에 깨질 확률이 98퍼센트라고 예상했다. 또한 2027년까지 최소한 한 해는 1.5도 기온 상승에 도달할 확률이 66퍼센트에 달한다고 밝혔다. 그런데 한 달 뒤인 6월에 이미 1.5도 상승을 기록한 것이다. 전 세계가 1.5도 이상 상승을 막으려고 안간힘을 썼는데 이미 우리는 그 위험 수위에 도달했다. 다만 세계기상기구는 한번 도달한 1.5도 상승이 계속 이어진다는 의미는 아니라고 밝혔다. 이것은 다행스럽게도 2023년 6월의 1.5도 상승이 엘니뇨의 영향이 겹쳐 생긴 일시적인 것일 가능성이 높고, 앞으로 세계가 온도 상승 완화를 위해 어떤 일을 하느냐에 따라 1.5도 상승을 저지할 수 있다는 의미다. 기후변화 문제를 다루는 국제기구인 '기후변화에 관한 정부 간 협의체(IPCC)'는 1.5도 상한이 깨지면 극한 폭염은 이전보다 8.6배, 폭우는 1.5배, 가뭄은 2배 이상 잦아질 것이라는 분석을 내놓았다.

2027년까지 최소한 한 해는 1.5도 기온 상승에 도달할 확률이 66퍼센트에 달한다고 밝혔다. 그런데 한 달 뒤인 6월에 이미 1.5도 상승을 기록한 것이다. 전 세계가 1.5도 이상 상승을 막으려고 안간힘을 썼는데 이미 우리는 그 위험 수위에 도달했다.

극심한 기후변화와 그로 인한 자연재해는 이제 놀라운 일도 아니다. 그럼에도 매년 새롭게 놀라운 일이 생긴다는 건 기후변화가 계속 악화일로임을 말해준다. 기후변화로 인한 환경의 변화와 자연재해는 무궁무진하고 우리의 상상을 뛰어넘고 있다.

의외의 곳에서
논란이 생기다

2022년 2월부터 한국은 최악의 가뭄을 겪었다. 2023년 1월 18일 기상청이 발표한 '2022년 연 기상가뭄 발생 특성' 분석 결과에 따르면 가뭄이 가장 심했던 광주광역시와 전라남도의 가뭄 일수는 281.3일이었다. 1년 365일 중 77퍼센트가 가뭄 일로 1974년 이후 가장 긴 가뭄이었다. 2월 하순 남부지방에서부터 시작된 가뭄은 4월 중순에는 경상북도로, 그리고 5월 초에는 전국으로 확대됐다. 6월 하순의 집중호우로 중부지방과 서울·경기도, 강원도의 가뭄은 해소됐다. 그러나 남부지방의 가뭄은 계속됐다. 극심한 가뭄으로 전라남도 일부 지역에는 6개월 이상 일주일에 두 번의 제한 급수와 물차를 동원한 운반 급수가 이뤄졌다. 완도군은 14개월이 지난 2023년 5월 초에서야 제한 급수를 해제했다. 가뭄으로 저수지 바닥이 드러난 곳이 많았다. 강원도의 소양강댐 상류도 바닥을 드러냈고 쩍쩍 갈라졌다. 43년 선 냄 선설로 수볼됐던 옛 마을의 집터와 돌담이 그대로 모습을 드러냈을 정도다.

전례 없는 가뭄은 지구온난화로 인한 이상기후, 다시 말해 기후변화 때문이었다. 기상청은 2023년 3월 「2022년 이상기후 보고서」를 내놓았다. 보고서는 2022년에 한국이 집중호우, 가뭄, 폭염, 태풍 등으로 인한 사회·경제적 피해가 컸다고 했고 "지구온난화로 인한 이상기후 현상이 빈번하게 발생"하고 있다고 했다. 보고서는 사례 중 하나로 남부지방 가뭄 일수가 1974년 이후 가장 길었던 227.3일이었음을 지적했다.

가뭄 뉴스가 많아지던 6월에 의외의 곳에서 논란이 생겼다. 가수 싸이의 콘서트인 '흠뻑쇼' 재개 소식이 알려진 후였다. 2011년 시작된 이 쇼는 2019년 이후에는 코로나19로 열지 못했고 2022년에 재개가 예정됐다. 여름밤 공연장의 관객석에 물을 뿌리고 관객이 젖은 상태에서 콘서트를 즐기게 하기 위해서 회당 300톤의 식수가 쓰인다. 당사자인 싸이가 유명한 예능 프로그램에 나와 이 사실을 말해 전 국민이 알게 됐다. '흠뻑쇼'는 7월 9일 인천을 시작으로 서울, 수원, 강릉, 여수, 대구, 부산 등에서 열릴 예정이었다.

6월 12일 배우 이엘은 자신의 SNS를 통해 "워터밤 콘서트 물 300톤 소양강에 뿌려줬으면 좋겠다"고 썼다. 그러자 누리꾼들의 '갑론을박'이 이어졌다. 동조하는 사람들은 가뭄 때문에 많은 사람, 특히 농민들이 고생하는데 콘서트에서 그렇게 물을 함부로 쓰면 안 된다고 했다. 반면 반대하는 사람들은 "가뭄 전에 기획된 것인데 갑자기 취소할 수 없다"며 "공짜도 아니고 돈 내고 쓰는 것인데 괜찮다"고 했다. 이엘의 SNS에는 많은 악성 댓글이 달렸다. 그녀는 "그래요, 화가 나면 화를 내고 욕 하고 싶으면 욕 해야죠, 네. 사람 생각은 다 다르니까요"라고 응수했다. 한 유명 작가는 자신의 SNS 계정에 "정의로운 나"를 과시하기 위해 타인을 "개념 없는 사람"으로 만들었다며 이엘을 신랄하게 비판하는 장문의 글을 올렸다. 이 글은 다수의 기사로 만들어졌고 이엘에 대한 악성 댓글과 조롱은 더 늘었다.

그녀는 아마도 소양강댐 상류가 쩍쩍 갈라졌다는 뉴스와 '흠뻑쇼' 소식을 비슷한 시점에 듣고 안타까운 심정으로, 그리고 가뭄에 관심을 가지면 좋겠다는 의도로 한 줄 썼을 것이다. 그런데 당시 출연했던 드라마의 성공으로 유명세를 타던 중이어서 의외의 관심을 받았고 많은 사람으로부터 공격을 당하고 조롱까지 받았다. 비난하는 사람들은 물 300톤은 소양강댐의 저수량 29억 톤에 비하면 아무것도 아니라면서 "그렇게 가뭄이 걱정이면 본인이 물을 기부하라"고 했다.

사실 '흠뻑쇼'에 대한 찬반 논란은 6월 4일 해당 예능 프로그램이 방송된 직후에 이미 생겼고 부정적인 댓글도 많았다. 사람들은 "올해 가뭄인데 자제해라", "이 가뭄에 물 300톤? 그것도 회당?", "물부족이 심각한데 지금 뭐하는 짓이냐", "가뭄에 산불에 난리인 시기니 다들 예민한 거다. 다른 대안 찾았으면 좋겠다" 등의 댓글을 달았다. 이에 대해 대중예술계는 공연의 콘셉트를 문제로 삼는 건 바람직하지 않다는 반응을 보였다. 물론 부정적 의견을 표출한 사람들도 그것을 모르지 않았다. 다만 유례없는 극심한 가뭄 상황에서 '회당 물 300톤'이라는 상상을 넘는 양에 놀라 의견을 표출한 것이었다. 물부족을 겪는 농부들, 제한 급수나 운반 급수로 살면서 화장실 물도 편하게 내리지 못하는 사람들에게는 공평하지 않은 일이라고 생각했던 것이다.

물은
공공재다

콘서트에서 다량의 물을 사용하는 것을 둘러싼 논란은 곧 일단락됐다. 콘서트는 당연하게 예정대로 진행됐다. 그리고 크게 두 가지를 확인시켜주었다. 하나는 가뭄 등 자연재해에 대한 사회적 대응이 부족하다는 것이었고, 다른 하나는 기후변화에 대한 사회적 관심이 여전히 낮다는 것이었다.

가뭄과 관련해 확인해야 할 중요한 건 물이 공공재라는 점

이다. 곧 사회가 공동으로 관리하고 써야 하는 사회적 자원이
란 얘기다. 앞의 논란을 통해서는 이런 사회적 인식이 부족함
을 확인할 수 있었다. 가장 중요한 공공재 중 하나인 물을 물값
만 내면 얼마를 써도 상관없다고 생각하는 사람들이 많았다.
2022년에 봄가뭄이 심각했지만 수도권의 물 공급은 차질이 없
었고 수도권 주민들은 가뭄을 실감하지 못했다. 수도권에서 쓰
는 물의 98퍼센트는 소양강댐과 충주댐에서 공급받는다. 소양
강댐 상류가 쩍쩍 갈라진 상황에서도 수도권 주민들은 제한 없
이 물을 소비할 수 있었다. 물이 어디서 왔는지를 생각하면 물
값만 내면 된다고 말하기는 힘들다. 또한 공공재인 물은 가격
을 지불한다고 해서 무제한으로 쓸 수 있는 게 아니다. 공공재
이기 때문에 가뭄이 심할 때는 제한 급수가 이뤄진다. 2022년
가뭄 상황에서 전라남도에는 제한 급수가 이뤄졌고 일부 지역
에서는 2023년 봄까지 계속됐다. 강원도에는 몇 년에 한 번씩
가뭄이 심할 때마다 제한 급수가 이뤄졌다. 2014~2015년 가뭄
때에는 모두 8만 4200명이 제한 급수를 겪었는데 같은 기간 경
기도는 800명에게만 제한 급수가 이뤄졌다. 수도권의 기반 시
설이 좋은 이유도 있지만 수도권에 특별한 혜택이 주어졌기 때
문이기도 하다.

　개인의 권리를 제한하면서까지 물을 공공재로 다루는 사례
도 있다. 미국 캘리포니아주 상원은 2022년 4월 20일 현재 208

리터인 1인당 하루 물 사용량을 2025년부터는 178리터, 2030년부터는 159리터로 낮추는 법안을 통과시켰다. 개인이 아닌 물관리 기관이 지역 주민이 쓰는 총량의 상한을 관리하도록 한 것이지만 이는 동시에 개인의 물 소비 권리를 제한한 것이기도 하다. 기후변화로 캘리포니아에 극심한 가뭄에 이어지자 내려진 특단의 조치였고 공공재인 물을 잘 관리하고 공평하게 쓰기 위해서였다. 이 법안을 만든 의원은 "이것은 미래 세대, 여러분의 손자 세대와 관련된 것이다"라고 말했다. 물이 현재 세대뿐만 아니라 미래 세대까지 고려해야 하는 공공재임을 강조한 것이다. 같은 달에 캘리포니아주는 사상 최초로 '비상 물 보전 프로그램'을 가동하고 남부지역 주민 약 600만 명에게 6월 1일부터 잔디 물 주기, 세차 등의 야외 물 소비를 일주일에 1회로 제한했다. 어길 경우엔 상당액의 벌금을 부과하기로 했다. 물을 공공재로 다루는 캘리포니아의 사례는 기후변화로 인해 개인의 권리까지 제한하는 급진적 조치를 취해야 하는 상황에 직면했음을 말해준다.

2022년의 극심한 가뭄 상황에서 공공재인 물에 대한 우리 사회의 인식과 대응은 많이 부족했다. 환경부의 「2020 상수도 통계」에 따르면 한국인 1인당 물 소비량은 약 300리터다. 앞의 캘리포니아와 비교해도 상당히 많은 양이다. 2022년 가뭄 당시에도 우리는 물 소비를 줄이지 않았고 사회적 캠페인도 없었다. 가뭄이 심했던 남부지방 주민들을 제외하고 대부분이 물 소비에 불편을 겪지 않았다. 오랜 가뭄으로 농업이 큰 타격을 받고 있었고 전국적으로 댐 수위가 낮아져 위기 상황이었음에도 말이다. '흠뻑쇼'에서는 1000명이 하루 동안 사용하는 물이 소비됐다. 그런데 '흠뻑쇼'에서 사용한 물의 양은 서울시가 도시 미관을 위해 매일 쓰는 약 50만 톤의 물에 비하면 적은 양이다.* 서울 도심의 청계천도 많은 물을 사용한다. 2022년 5월의 「청계천관리처 종합 현황」 보고서에 따르면 청계천 유지를 위해 1일 평균 4만 톤의 물이 사용되고 있다. 그러나 혜택을 누리는 약 940만 명의 서울 시민과 방문자들까지 포함해 1인당 물 소비량을 계산하면 '흠뻑쇼'의 소비량이 여전히 많은 건 사실이다. 그렇다고 정당하게 계획되고 진행된 콘서트를 탓하자는 건 아니다. 핵심은 심각한 가뭄 상황에서도 공공재인 물에 대한 사회적 관심이 낮았고 공동 대응은 부족했다는 점이다. 가뭄이 더 심각해질 상황이었음에도 위기의식이 없었고 그에 걸맞는 행동도 없었다. 가뭄에 관심을 가지자는 의견조차 공격하고 조롱하는 일이 있었다.

'흠뻑쇼'의 물 소비량에 놀란 사람들이 제기한 문제는 물이 전체 사회가 함께 써야 하는 공공재라는 인식에 근거한 것이었

---

* 「'흠뻑쇼'는 억울하다 [친절한 쿡기자]」, 〈쿠키뉴스〉 2022년 6월 7일.

다. 비록 정확히게 그 뜻이를 쓰지 않았고 표현은 나소 거칠거나 서툴렀을지라도 말이다. 그들은 콘서트 자체에 문제를 제기한 것이 아니라 심각한 가뭄 상황에서의 융통성 있는 태도에 대해 얘기했고 단호한 요구가 아니라 의견을 표명했을 뿐이었다. 그런 문제 제기와 의견 표명에 대해서는 공격과 거부보다는 함께 생각해볼 기회로 삼는 것이 바람직했다. 특별히 그것이 재난 상황과 관련된 것이었으니 말이다.

기후변화의 피해는
공평하지 않다

가뭄은 주기적으로 발생하고 비가 오면 해소되는데 그에 대해 위기의식까지 가질 필요는 없지 않냐고 말할 수 있다. 그러나 우리가 직면하는 가뭄은 기후변화의 영향을 받는 가뭄이고, 그래서 해가 갈수록 심해지고 장기화되고 있다. 강하고 빈번하게 발생하는 폭우, 폭염, 폭설 등과 마찬가지 양상이다. 우리는 기후변화를 넘어 이제 기후위기에 직면해 있고 과거와는 달라진 기후 재난에 대한 민감성과 감수성을 키우지 않으면 안 된다. 모두의 생존이 달린 문제이기 때문이다.

지구온난화로 인한 기후변화에 대해서는 다행스럽게도 이제 전 세계적인 공감대가 형성되어 있다. 기후변화로 생기는 문제, 그리고 미래에 생길 문제에 대한 이해는 높은 편이다. 그러나 기후변화의 심각성을 어느 정도 안다는 것과 관심이 높다는 건 다른 문제다. 기후변화에 대한 인식은 있지만 기후변화 담론이나 구체적인 문제에 관심을 두지 않고 진지하게 고민하는 걸 회피하는 사람들도 있다. 왜 그럴까? 이것은 가뭄의 심각성을 지적하는 말에 귀를 기울이고 싶지 않은 심정과 같은 걸까?

기후변화의 원인은 지구온난화다. 지구온난화는 대기 중의 온실가스 농도가 증가해 온실효과가 발생하고 지구 표면의 온도가 점차 상승하는 현상을 말한다. 온실효과를 일으키는 가스에는 일곱 가지가 있는데 그중 이산화탄소의 양이 대기 중에 가장 많다. 화석연료 연소로 발생하는 이산화탄소는 전체 온실가스의 약 76퍼센트를 차지한다. 그다음으로 많은 건 메탄가스로 약 16퍼센트를 차지한다. 둘을 합치면 약 92퍼센트다. 둘 다에너지 사용, 산업 활동, 교통, 토지 사용 등 인간 활동으로 발생한다. 지구온난화와 기후변화의 주범은 이산화탄소가 아니라 결국 인간이다.

이산화탄소 배출, 그리고 기후변화의 책임과 관련해 가장 많이 언급되는 것이 국가별 이산화탄소 배출량이다. 유엔환경계획(UNEP)의 자료에 따르면 2018년 말 기준으로 이산화탄소 배출 1위 국가는 중국이었고, 2위는 미국, 3위는 인도였다. 중국의 배출량은 전 세계 배출량의 27.8퍼센트를 차지했고, 미국은

12.7퍼센트, 인도는 7.3퍼센트를 차시했나. 그런네 1인당 배출량 순위는 달랐다. 중국의 1인당 배출량은 9.71톤이었고, 미국은 19.27톤, 인도는 2.67톤이었다. 미국의 1인당 배출량은 중국의 거의 2배, 인도의 7.2배였다. 또한 중국의 1인당 배출량은 인도의 3.6배에 달했다. 인도는 세계 3위의 배출국이지만 1인당 배출량은 5위인 일본, 6위인 브라질과 비슷했다. 미국보다 1인당 배출량이 많은 국가들도 있었다. 사우디아라비아는 22.37톤, 호주는 23.49톤, 아랍에미레이트는 29.09톤, 쿠웨이트는 33.71톤 등이었다. 가장 많은 1인당 배출량을 기록한 국가는 카타르로 66.23톤이었다. 반면 1인당 배출량이 5톤 미만인 저개발국가들, 섬나라들도 많았다. 그런데 이 국가들은 기후변화에서 가장 큰 피해를 입고 있다. 2018년에 전체 배출량 12위를 차지한 한국의 1인당 배출량은 14.82톤으로 결코 적지 않은 양이었다. 인간은 삶의 유지를 위해 불가피하게 이산화탄소를 배출하지만 과도하게 배출하는 건 문제가 된다. 1인당 배출량은 배출량 감소를 위해 어느 국가가 더 노력해야 하는지를 보여준다.

국가별 이산화탄소 배출량보다 더 중요한 건 경제 계층 사이 극명하게 드러나는 배출량 차이다. 프랑스 파리에 있는 세계불평등연구소는 2023년 1월 「기후 불평등 보고서 2023」을 발표했다. 보고서는 가계 조사, 세금, 환경 관련 자료들을 종합하고 개인별 소비와 투자, 국제무역 등에서 발생한 이산화탄소 배출량을 추정해서 불평등 결과를 도출했다. 보고서는 국가 내 소수의 고소득자가 다수의 저소득자보다 훨씬 많은 탄소를 배출하고 있고, 그럼에도 기후위기에 따른 피해는 저소득자들이 더 많이 받고 있다고 했다. 1인당 이산화탄소 배출량을 소득 상위 10퍼센트, 중위 40퍼센트, 하위 50퍼센트 집단으로 나눠봤을 때 선진국과 개발도상국 모두에서 국가 내 불평등을 확인할 수 있었다. 2019년 기준으로 미국의 경우 소득 상위 10퍼센트는 1인당 70.3톤을 배출했는데 하위 50퍼센트는 1인당 10.5톤을 배출했다. 중위 40퍼센트는 22.1톤을 배출했다. 하위 50퍼센트와 상위 10퍼센트의 차이는 6.7배였다. 중국의 경우도 상위 10퍼센트의 배출량이 다른 소득 집단보다 월등하게 많았다. 상위 10퍼센트의 1인당 배출량은 38톤이었고, 반면 하위 50퍼센트의 배출량은 2.8톤으로 차이는 13.6배로 미국보다 불평등이 심했다. 중위 40퍼센트는 7.1톤을 배출했다. 국가 내 불평등은 곧 세계적인 불평등을 말해준다. 세계적으로 보면 소득 하위 50퍼센트는 전체 이산화탄소 배출량의 11.5퍼센트를 배출했고, 중위 40퍼센트는 40.5퍼센트를, 상위 10퍼센트는 전체의 48퍼센트를 배출했다. 상위 10퍼센트는 하위 50퍼센트보다 4.2배 많은 양을 배출했다.[*]

이산화탄소 배출 불평등은 여기에서 끝나지 않는다. 이산화탄소 배출은 기후변화, 그리고 그로 인한 환경 변화와 재난 등으로 이어지면서 소득 손실을 가져온다. 이에 따른 피해는 소득 하위 집단이 가장 많이 입는다. 세계적으로 소득 하위 50퍼센트는 전체 이산화탄소 중 약 12퍼센트를 배출하는데 기후변화로 인한 전 세계 소득 손실 중 75퍼센트를 떠안는다. 중위 40퍼센트는 약 41퍼센트를 배출하고 22퍼센트의 소득 손실을 떠안는다. 반면 상위 10퍼센트는 48퍼센트를 배출하지만 전체 소득 손실 중 3퍼센트만 경험한다.[**] 손실을 예방하고 기후변화에 적응할 수 있는 재정적 능력이 충분하기 때문이다.

지금까지 얘기한 1인당 이산화탄소 배출량, 그리고 소득수준에 따른 배출량은 기후변화가 개인의 생활과 무관하지 않음을 말해준다. 에너지, 산업, 교통, 토지 이용 등을 통해 배출되는 이산화탄소는 결국 인간 생활을 위한 것이고 이는 개인의 소비와 관련되어 있다. 소득이 높을수록 많이 소비하고 그 결과 많은 이산화탄소를 배출한다. 소득이 적을수록 상대적으로 적게 배출한다. 그런데 기후변화로 인해 피해를 입고 손실을 보는 정도는 이산화탄소 배출량과 반비례한다. 한 사회 안에서 소득이 높은 집단과 낮은 집단 사이, 그리고 국제사회에서 소득이 높은 국가와 낮은 국가 사이 모두에서 그렇다. 이런 점에

---

[*] 세계불평등연구소(World Inequality Lab), 「기후 불평등 보고서 2023(Climate Inequality Report 2023)」, pp.24~28.
[**] 같은 보고서, p.8.

서 기후변화의 문제는 불평등의 관점에서도 바라봐야 한다.

기후변화 담론은
왜 불편한가

지구온난화와 기후변화가 가속화하고 있다는 건 모두가 아는 사실이다. 기후변화가 사실이라는 점과 꾸준한 이산화탄소 배출량 증가가 지구온난화와 기후변화의 가장 큰 문제라는 점에 동의하지 않는 사람은 거의 없다. 그런데 그 외에도 기후변화는 단순하지 않은 여러 문제와 관련된 사회 담론을 만들고 있다. 기후변화에 경각심을 가지고 대응하기 위해서는 기후변화 담론에도 관심을 가질 수밖에 없다.

기후변화와 관련된 기본적인, 그리고 핵심적인 담론은 기후변화가 인간 활동으로 인해 생긴 문제라는 점이다. 아주 당연한 얘기인 것 같지만 이것을 인정한다는 건 자신이 기후변화에 미친 영향을, 그리고 자신의 생활 방식과 소비를 성찰해야 할 필요가 있음을 인정한다는 의미다. 또 다른 중요한 담론은 많은 사람이 관심을 가지지 않지만 앞서 언급한 것처럼 확실히 존재하는 불평등 문제다. 이산화탄소를 많이 배출한 개인과 집단은 기후변화로 인한 피해를 적게 입고, 적게 배출한 개인과 집단은 피해를 많이 입는다는 문제다. 이것은 '기후정의' 담론,

즉 기후변화와 관련해 정의가 부재하다는 담론의 근간이 된다. 우리는 기후정의를 실현하기 위해 국가 사이에, 그리고 국가 내 소득 집단 사이에 존재하는 불평등을 바로잡아야 하는 도전적인 문제에 직면해 있다. 기후변화와 미래의 문제 또한 중요하게 다뤄지는 담론이다. 현재의, 또는 더한 속도로 기후변화가 지속되면 미래에 현재보다 더 많은 환경 변화와 재난이 생길 것이 불을 보듯 뻔하다. 이는 현재 세대가 감당해야 하는 미래 세대에 대한 책임의 문제다. 중요한 담론 중 하나로 정부와 국제사회의 정책과 노력에 대한 국민과 세계시민의 감시 및 압력도 빼놓을 수 없다. 제대로 된 정책이 세워지고 실행되어야 이산화탄소 배출량 감소, 모두의 안전과 생명을 지키는 기후변화 대응을 기대할 수 있기 때문이다.

기후변화 담론은 주장에 머물지 않는다. 담론이 형성되고 계속 논의되는 이유는 실천을 통한 담론의 현실화가 목표기 때문이다. 기후변화 담론을 관통하는 핵심 주제는 결국 두 가지다. 하나는 모두가 삶의 방식을 어떻게 바꿀 것이냐고, 다른 하나는 어떻게 행동할 것이냐다. 이것이 많은 사람을 불편하게 만드는 지점이다. 많은 사람이 기후변화에 관심을 가지지 않는 게 낫다고, 정치인이나 관심 있는 사람들이 알아서 할 일이라고 주장하는 이유다. 관심을 가지고, 나아가 행동한다면 소비와 이산화탄소 배출이 중심인 현재의 편안하고 익숙한 생활 방식과 미래의 나은 삶을 포기해야 한다고 생각한다. 그래서 몇 사람의 행동이 거대한 기후변화의 흐름을 저지할 수는 없다고 주장한다. 그런데 이런 태도와 주장은 두 가지 점에서 문제가 있다. 하나는 기후변화가 이미 자신의 생활과 생존을 위협하는 상황인데도 그것을 억지로 외면하는 것이고, 다른 하나는 인류가 공동으로 짊어져야 할 짐을 불공정하게 다른 사람들에게만 지우는 것이기 때문이다.

맨 앞에서 다룬 가뭄 얘기로 돌아가 보자. 2022년 발생한 가뭄은 최악이었고 특히 남부지방의 가뭄 일수는 1974년 이후 최장기 기록을 세웠다. 그 가뭄은 기후변화로 인한 것이었고 기후변화를 넘어 기후위기 상황을 보여주었다. 그럼에도 극심한 가뭄 지역에 거주하는 사람들과 농민들을 제외한 많은 사람은 아무 불편 없이 생활했다. 이 작은 대한민국 땅에서 선명한 양극화가 생긴 것이다. 가뭄에 대한 관심은 씁쓸하게도 1회당 300톤의 물을 쓴다는 콘서트 소식과 그 후 불거진 논란 때문에 조금 높아졌다. 그러나 많은 사람이 가뭄 상황을 우려하는 목소리를 콘서트를 반대하는 것으로 해석해 공격하고 특정인을 조롱하기까지 했다. 문제의 본질을 보지 않고 주제를 바꿔 다른 사람의 중요한 행사에 대한 '몰상식한 간섭'으로 취급했다. 본질을 외면한 일부 사람들의 공격적인 태도와 행동으로 기후변화와 그로 인한 유례없는 가뭄, 그리고 사회적 대응에 대해 얘기할 기회는 사라져버렸다. 재난 상황에서도 기존의 생활 방식을 포기하고 싶지 않은, 그리고 포기해야 하는 상황이 될까 두려워하는 사람들이 많았기 때문이다. 기후변화와 그로 인한 빈번하고 강한 기후 재난은 이미 눈앞에 와 있는 문제인데 말이다.

기후변화, 그리고 그로 인한 재난에 대해서는 편을 갈라 싸우고 서로 공격하는 게 의미가 없다. 말 그대로 모두의 안전과 생존이 걸린 재난일 뿐만 아니라 인류의 생존 및 미래와 관련된 문제이기 때문이다. 기후변화 문제를 애써 외면하는 것도 부질없다. 이미 기후변화가 우리 삶을 지배하고 있기 때문이다. 그렇다면 적극적으로 기후변화가 삶에 미치는 부정적 영향을 조금이라도 줄일 방법을 찾는 것이 현명하다. 아주 미미하고 당장은 거의 변화가 일어나지 않는다 할지라도 그것이 인류의 안전과 생존을 위한 최선의 선택이기 때문이다. 기후변화 담론 또한 외면하는 건 현명하지 않다. 그 모든 담론이 결국 자신의 현재, 그리고 미래의 삶과 관련되어 있기 때문이다. 그렇다면 기후변화 담론과 논의를 불편하게 생각하는 자신의 한계를 벗어나는 연습을 하는 것이 기후변화 시대에 적응하며 사는 더 나은 방법이 되지 않을까? 또한 기후변화 속도를 늦추기 위해 열심히 연구하고 생활 방식까지 바꾸는 사람들의 목소리에도 귀를 기울여보면 좋지 않을까? 큰 문제는 외면하고 작은 문제를 키워서 조롱하고 공격할 빌미를 만드는 것보다는 말이다.

9 _____

젠더 갈등은 왜 악화되는가

"여경을 없애야 한다"

2021년 11월 15일 인천시 남동구의 한 빌라에서 흉기를 든 남성이 이웃 주민에게 상해를 입히는 사건이 발생했다. 4층에 거주하던 가해자와 3층의 가족은 평소 층간 소음으로 심하게 다퉜다. 가해자는 자주 3층 가족에게 성희롱과 협박을 했는데 사건 당일 낮에도 3층 집 현관을 발로 차고 욕을 하며 두 차례나 난동을 피웠다. 3층 가족의 신고로 경찰이 출동했고, 사건은 경찰이 두 번째 출동했을 때 발생했다. 현장에 온 경찰관 중 한 명은 3층 가족의 남편을 데리고 1층 현관으로 내려가 고소와 관련한 대화를 나눴다. 그때 가해자가 흉기를 들고 가 집 앞에서 다른 한 명의 경찰관과 대기하고 있던 3층 가족의 아내와 딸을 흉기로 찔렀다. 아내는 턱 밑이 관통되도록 찔려 쓰러졌고 가해자를 막으려던 딸은 양팔과 얼굴을 다쳤다. 아내의 비명을 듣고 달려온 남편도 가해자를 제압하는 과정에서 역시 상해를 입었다. 여기까지가 대략적인 사건의 내용이다.

그런데 또 다른 중요한 내용이 있다. 바로 경찰의 대응이다. 가해자가 아내를 찌를 때 현장에는 한 명의 경찰관이 있었다. 그런데 아내가 찔린 것을 본 경찰관은 삼단봉과 테이저건이 있었지만 사용하지 않고 아래층에서 남편과 얘기를 나누던 경찰관에게 달려갔다. 아래층에서 남편과 얘기를 나누던 경찰은 아내의 비명을 들은 남편이 빨리 올라가자고 소리치자 위쪽을 보며 머뭇거렸다. 역시 삼단봉과 실탄이 든 권총이 있었지만 범인 제압에 사용하지 않았고 내려온 다른 경찰관과 함께 현관문으로 나가버렸다. 두 경찰관은 뒤늦게 돌아와서 남편의 제압으로 이미 기절한 가해자에게 테이저건을 쏘고 수갑을 채운 뒤에 연행했다. 두 경찰관은 피를 쏟고 쓰러진 아내에게 아무런 응급조치도 하지 않았다. 심한 부상을 입은 아내는 뇌수술을 받았고 딸은 얼굴을 심하게 다쳤다. 사건의 상세 내용이 알려진 후 두 경찰관은 징계위원회에 회부됐고 그 후 해임됐다. 3층에 있었던 경찰관은 솟구치는 피를 보고 정신이 없었다고 주장했고, 1층에 있었던 경찰관은 증원 요청 무전을 하기 위해 건물 밖으로 나갔다고 주장했다. 이들은 해임이 과한 징계라며 취소해달라는 행정소송을 제기했으나 2023년 7월 패소했다.

두 경찰관의 부적절한 대응과 관련해 의외의 논란이 생겼다. 3층에서 가해자가 아내와 딸을 공격하고 있는 상황에서 현장을 이탈한 경찰관이 여성이었음이 알려진 이후였다. 해당 경찰관은 경력이 1년 미만이었고, 선배인 남성 경찰에게 지원을 요청하러 갔던 것으로 보도됐다. 그러자 해당 여성 경찰관은 물론 여성 경찰관 전체에 대한 비난이 들끓었다. 누리꾼들은 "여경을 뽑지 말고 경찰을 뽑아야 한다", "여경은 지원 요청용이냐", "여경을 없애야 한다"는 등의 비난을 쏟아냈다. 이런 공격은 "경찰견이 더 도움이 되겠다", "여경이 하는 일이 뭐냐", "치안조무사, 경찰조무사" 등 여성 경찰관에 대한 공격과 조롱으로 이어졌다. 피해자 보호 의무를 저버린 경찰관에 대한 비난은 여성 경찰관 전체에 대한 조롱으로 바뀌었다. 사실 두 경찰관 모두 현장을 이탈했는데 언론과 여론에 의해 '여경'이 부각됐고 여성 경찰관에게만 비난이 쏟아졌던 것이다. 남성 경찰관도 함께 현장을 이탈했다는 사실이 알려진 건 사건이 있은 지 10일이 지난 후였다.

위 사건으로 '여경 무용론'이 다시 대두됐다. 여경 무용론은 현장에서 여성 경찰관이 범인, 취객, 시위자 등을 제대로 진압하지 못하기 때문에 무용지물이라는 주장이었다. 여성 경찰관들이 난동을 부리는 사람을 제압하지 못하고 주변에 도움을 청하거나 여러 명의 여성 경찰관이 함께 제압하는 장면이 담긴 경찰 출동 현장 영상이 SNS 등을 통해 퍼지면서 이러한 주장이 나왔다. 영상의 내용은 이례적인 사례였다. 일반적인 일이라면 몇 개만이 아니라 수십 개가 퍼졌을 것이다. 여경을 비난하고 비하하려는 의도가 있는 것으로 의심할 만한 것이었다. 심지어 흉기 난동 사건 이후에는 여성 경찰관이 '엄마!' 하고 비명을 지르며 도망쳤다는 조작된 영상이 나돌기도 했다. 명백히 여성 경찰관을 비하하려는 의도가 있는 것이었다. 여경 무용론이 다시 대두되자 경찰도 당황했다. 핵심은 경찰이 제 역할을 하지 못한 것인데 난데없이 여성 경찰관에게 비난의 화살이 겨누어졌기 때문이다. 한 경찰행정학과 교수는 "만약 사건 대응을 잘못한 경찰이 남성이었다면 남경 무용론이 나왔을까 싶다"고 지적했다. 그러나 인터넷에는 여성 경찰관은 "전화 응대를 하기 위해 뽑는 것"이라거나 "여경은 메뉴얼이 있어도 제대로 하지 못해서 쓸모가 없다"는 등의 악의성 댓글이 등장했다. 상황이 이렇게 되자 대통령까지 나서서 "남경, 여경 문제가 아니라 현장 출동 경찰의 기본자세와 관련한 사안"이라고 말했을 정도다. 여경 무용론이 얼마나 큰 사회적 파장을 일으켰는지 잘 보여준다.

여성 경찰관 비난에 열을 올리고 여경 무용론을 주장하는 사람들은 사건 출동 현장에서 경찰관의 대응이 적절했는지, 국민의 안전을 위해서 어떤 점이 개선되어야 하는지 등에 대해 관

심이 없었다. 그들은 여성이 경찰이 되기엔 능력이 부족하다고
주장하기 위해 흉기 난동 사건을 언급했다. 그리곤 에둘러서
경찰은 남성의 영역인데 여성들이 '주제를 모르고' 남성의 영
역을 침범한 것처럼 몰아갔다. 그들은 논리적이지도, 현실적이
지도 않은 그런 주장을 왜 했던 것일까? 그들은 정말 여경이 없
어져야 한다고 생각한 것일까? 그런 일이 일어날 리가 만무한
데 말이다. 만일 그렇지 않다면 어떤 목적으로 여성 경찰관을
비난하고 여경 무용론을 주장한 것일까?

남성의 영역을
침범하다

흉기 사건에서 출동한 경찰관들이 가해자와 피해자들만 두
고 현장을 이탈한 건 절대 있어서는 안 되는 일이었고 상식적
으로 이해하기 힘든 일이었다. 그들은 지원을 요청하기 위해서
라고 했지만 그에 앞서 자신들이 가지고 있던 진압 장비를 써
볼 생각도 하지 않았다. 그들의 개인적인 잘못은 물론 경찰관
들을 제대로 교육하고 훈련하지 못한 경찰의 조직적인 잘못을
지적하는 게 마땅했다. 경찰관의 성별을 거론할 이유는 없었
다. 그런데 유감스럽게도 성별이 거론됐고 그로 인해 냉정하게
개인적, 조직적 문제를 지적하기 어렵게 됐다.

홍기 난동 사건이 여성 경찰관 논란으로 번진 것과 관련해 여러 가지 얄궂은 질문이 떠오른다. 첫 번째 떠오르는 질문은 '우리 사회에 여전히 성별에 따라 적합하거나 적합하지 않은 직업이 있다고 생각하는 사람들이 있을까?' 하는 것이다. 남성들은 주로 몸을 쓰거나 냉철하고 이성적인 판단을 요구하는 직업을 택하고, 여성들은 주로 남성들을 보조하고 이성보다는 감성에 기대 사람들에게 친절을 베푸는 직업을 택해야 한다는 생각 말이다. 사실 남성, 또는 여성의 진출이 적은 분야가 있긴 하다. 예를 들어 건설 현장에서는 여성을 찾기가 쉽지 않고, 간호 분야에서는 반대로 남성이 많지 않다. 그러나 그것은 선호도가 낮은 결과일 뿐 어떤 분야에 여성 또는 남성이 적합하고, 그러므로 여성 또는 남성을 배제해야 한다는 주장은 설득력이 없어진 지 오래다. 한국 사회는 그런 차별을 허락하지도 않는다.

두 번째 떠오르는 질문은 '경찰은 남성에게 적합한 직업일까? 그런 주장의 기준은 무엇일까?' 하는 것이다. 여경 무용론을 주장하는 사람들은 경찰이 남성에 적합한 직업이라고 생각하고, 여성은 신체적·기술적으로 현장과 사람을 제대로 통제하거나 제압하지 못하기 때문에 경찰에 적합하지 않다고 믿는다. 이는 경찰관을 범죄자들과 싸우는 사람으로만 인식하는 데서 비롯된 것으로 보인다. 그러나 경찰관의 핵심 임무는 시민을 보호하는 것이고, 범죄자나 취객을 통제 및 제압하는 것과 관련해서도 전문가들은 남·녀 경찰관 모두 경험과 훈련이 중요하다고 말한다. 그런데 경찰이 남성에게 적합한 직업이라는 인식은 악의를 가지고 여성 경찰관을 비난하고 공격하는 일부 사람들의 주장만이 아니라 한국 사회에 비교적 널리 퍼져 있는 것으로 보인다.

한국여성정책연구원은 2023년 6월 「공공부문 여성 대표성 제고(2018~2022) 추진 현황 및 향후 목표율 설정」 보고서를 공개했다. 보고서에 따르면 2022년 기준으로 일반 경찰에서 여성의 비율은 15.1퍼센트였고, 해양 경찰에서 여성의 비율은 16.6퍼센트였다. 여성 관리자 비율은 일반 경찰의 경우 5.7퍼센트, 해양 경찰의 경우 3.6퍼센트에 불과했다. 둘 다 일반인들이 생각하는 것보다 훨씬 낮은 비율이었다. 보고서는 목표치 수립을 위한 '공공부문의 여성 대표성'에 대한 설문조사 결과도 담고 있었다. 설문조사에는 전국 18~69세 여성과 남성 1821명이 참여했다. 조사 결과에 따르면 일반 경찰과 해양 경찰에 '여성 확대가 필요하다'고 응답한 비율은 각각 47.0퍼센트와 43.2퍼센트였다. '남성 비율 확대가 필요하다'고 응답한 비율은 각각 24.1퍼센트와 25.6퍼센트였다. 정부위원회를 제외하고 모든 공공부문에서 여성 확대가 필요하다고 응답한 비율은 55퍼센트에서 89퍼센트 사이였는데 그에 비하면 낮은 수치였다. 경찰에 '남성 확대가 필요하다'고 응답한 비율은 대다수의 다른 공공부문에 '남성 확대가 필요하다'는 응답보다 두 배 이상 높았다. 대표적인 남초 영역인 군인 간부에서 남성 확대가 필요하다는 비율도 14.8퍼센트였다. 이 결과는 경찰 이미지와 남성 이미지를 연결해 인식하는 사람들이 여전히 많음을 말해준다. 그러나 이는 한국 사회가 극복해야 할 인식이지 현실에 적용할 기준은 아니다.

세 번째 떠오르는 질문은 '만일 가해 현장에 있었던 경찰관이 모두 남성이었다면 어땠을까? 인터넷 댓글은 어떻게 달라졌을까?' 하는 조금 흥미로운 것이다. 그랬다면 특별히 성별이 언급되지 않았을 것 같다. 남성 경찰관에 대해서는 '남경'이라는 언급을 하지도 않을 뿐더러 그런 말 자체가 매우 어색하니 말이다. 그런데 왜 여성 경찰관이 관련된 일에서는 '여경'임을 확인하고 지적하는 것일까? 이는 앞에서 언급한 것처럼 경찰이 남성에게 적합한, 다시 말해 '남성의 직업' 또는 '남성의 영역'이라는 선입견이 있기 때문이 아닐까? 여성 경찰관을 남성에게 적합한 직업을 선택한 사람, 나아가 남성의 영역을 침범한 사람으로 생각하는 건 아닐까? 그러니 '그래, 어디 잘하나 보자'는 식으로 감시하고 실수를 하면 경찰의 문제가 아니라 개인적 문제로 삼아 지적하는 것이 아닐까? 앞의 설문조사 결과는 충분히 이런 질문이 가능함을 보여준다.

그렇다면 많은 사람이 생각하는 것처럼 경찰은 남성에게 더 적합한 직업이고 그렇기 때문에 남성 경찰관과 간부가 더 필요한 영역인가? 모두가 알다시피 그렇게 주장할 객관적 증거는 없다. 하지만 여전히 그런 선입견이 있는 건 사실인 듯하다. 그런 이유로 한 건의 사건으로 여성 경찰관 전체의 능력에 대한 의문 제기와 여성 경찰관에 대한 불신이 표출됐던 것으로 보인다. 그것이 객관적 통계나 데이터에 근거한 것이 아닌 개인의 주관적 인식과 판단에 의한 것이지만 말이다. 물론 흉기 사건과 관련해 여성 경찰관 전체를 공격하고 조롱한 사람 중에는 사건과는 상관없이 '여성'에 대한 혐오를 드러낸 사람들도 많다. 그러나 사건으로 불거진 '여경 비난'과 '여경 무용론'은 그런 사람들에게 초점을 맞추면 오히려 이해하기가 힘들 수 있다. 사회적으로 널리 퍼져 있는 선입견과 근거가 없는 판단까지 고려해야 더 잘 이해할 수 있다.

여성들은 '무섭다'고 말한다

2016년 5월 17일 오전 1시 5분쯤에 서울시 강남역 인근 한 주점의 남녀 공용 화장실에서 20대 여성이 수차례 흉기에 찔려 사망한 사건이 발생했다. 경찰은 오전 10시경 흉기를 소지한 30대의 범인을 검거했다. 범인은 화장실에 숨어 있다가 첫 번째로 들어온 여성을 살해했다. 피해자가 들어오기 전에 남성 6명이 출입했다. 경찰은 범인을 조사하고 두 차례의 심리 면담을 한 결과 전형적인 피해망상 조현병에 의한 '묻지마 범죄 유형'에 해당한다고 밝혔다. 피해자와 일면식이 없고 범죄 촉발 요인이 없다는 이유를 들었다.

이 사건은 '강남역 살인사건'으로 불렸다. 범인이 남성들을 모두 보내고 첫 번째 여성을 표적으로 삼았다는 사실 때문에 많은 여성이 자신도 그곳에 있었다면 피해자가 됐을 것이라고 했다. 경찰은 '묻지마 살인사건'이라고 했지만 그 점 때문에 여성들은 오히려 공포를 느꼈다. 그것은 '여성'이라는 이유로 언제든 범죄의 표적이 될 수도 있음을 의미했기 때문이다. 여성들은 강남역 10번 출구에 꽃을 놓고 포스트잇을 붙이며 피해자를 추모했다. 동시에 여성을 대상으로 하는 폭력이 확산되고 여성이 매일 위험을 느끼며 사는 사회가 바뀌어야 한다고 했다.

많은 여성이 경찰의 발표와는 다르게 강남역 살인사건을 '여성 혐오 범죄'로 불렀다. 범인이 6명의 남성을 모두 보낸 후에 화장실에 들어온 첫 번째 여성을 표적으로 삼았고, 경찰 조사에서 "평소 여성에게 무시를 당해 범행을 했다"고 진술했기 때문이다. 그러나 많은 남성은 경찰의 발표처럼 조현병자에 의한 살인일 뿐 여성을 겨냥한 범죄가 아니고 여성 혐오 범죄는 더욱 아니라고 주장했다. 한국 사회에서 여성이 문화적, 사회적으로 불리하거나 여성이라는 이유로 공격을 받는 일은 없다고 했다. 범죄 전문가들은 범인의 진술이 있다 하더라도 조현병 입원 전력이 있는 범인이 정말 여성을 혐오했는지 아닌지는 알 수 없고, 여성을 혐오했다 하더라도 그것이 범죄에 중요한 동기가 됐는지 아닌지도 정확히 알 수 없다고 했다. 섣불리 여성 혐오 범죄로 규정하면 오히려 범죄를 분석하는 게 힘들어진다고도 했다. 그러나 분명한 점은 범인이 여성을 표적으로 삼았고, 그런 이유로 많은 여성이 비슷한 일이 자신에게도 일어날 수 있다고 생각하게 됐다는 점이다.

강남역 살인사건 이후 자신이 범죄 대상이 될 수 있다고 생각하는 여성이 많아졌다. 막연한 공포나 우려가 아니라 실제로 어디서든 공격을 받을 수 있다는 두려움을 느낀다고 했다. 성폭력 범죄에 대해서는 특히 더 두려움이 컸다. 여성가족부는 2023년 6월 3년마다 실시하는 '성폭력 안전 실태 조사'를 발표했다. 19~64세 성인 남녀 1만 20명을 대상으로 2022년에 실시한 조사의 결과였다. 이에 따르면 여성의 63.4퍼센트가 밤늦게 혼자 다닐 때 성폭력을 겪을까 두렵다고 답했다. 52.9퍼센트는 집에 혼자 있을 때 낯선 사람의 방문을 두려워했고, 51퍼센트는 택시나 공중화장실 등을 혼자 이용할 때 성폭력을 겪을까 걱정한다고 답했다. 평생 경험한 성폭력 피해율을 보면 여성의

16.6퍼센트가 성기 노출 피해, 9.2퍼센트가 통신 매체를 이용한 피해, 7퍼센트가 성추행 피해를 겪었다고 답했다. 불법 촬영 피해와 강간(미수 포함) 피해 경험률은 각각 0.4퍼센트였다. 남성의 경우는 통신 매체를 이용한 피해가 10.3퍼센트로 가장 많았고 성기 노출 피해가 2.4퍼센트, 성추행 피해가 0.9퍼센트였다. 여성과 남성의 피해 경험 비율은 현저한 차이를 보였다.

여성들이 성폭력 범죄의 피해를 입을까 두렵다고 하는 건 주관적인 생각이다. 그러나 통계를 보면 그것이 전혀 근거가 없는 두려움이 아님을 알 수 있다. 국가통계포털(KOSIS)에 따르면 2021년 기준으로 강간 범죄는 5263건이었는데 피해자 중 남성이 40명, 여성이 5175명, 확인할 수 없는 불상자가 48명이었다. 유사강간 범죄 814건의 피해자 중 남성은 85명, 여성은 724명이었다. 강제추행 범죄는 1만 4962건이었는데 피해자 중 남성이 1248명, 여성이 1만 2327명이었다. 피해자 연령을 보면 남성 피해자는 12세 이상에서 시작됐지만, 여성 피해자는 6세 이하부터 시작됐다. 범죄자 성별을 보면 성폭력 범죄 3만 1651건 가운데 남성 범죄자가 3만 239명이었고, 여성 범죄자가 1297명이었다. 모든 통계가 보여주는 건 성폭력 범죄의 피해자는 절대적 다수가 여성이고, 가해자는 절대적 다수가 남성이라는 점이다. 물론 성폭력 범죄가 매일 모든 곳에서 일어나는 것이 아니고 주변의 모든 남성이 잠재적 범죄자인 것도 아니다. 그러나 여성의 입장에서는 항상 조심하고 다른 한편 누려움을 느낄 수밖에 없는 상황인 게 사실이다.

여성이 피해자인 범죄가 여성 혐오에서 비롯된 것일 수도 아닐 수도 있다. 남성보다 신체적으로 약하다는 이유 때문에 여성이 범죄 대상으로 선택될 수도 있다. 이유는 다르지만 여성이라는 이유로 범죄의 표적이 되고 피해자가 되는 결과는 같다. 그러므로 '범죄의 표적이 될까 무섭다'라는 여성들의 말과 두려움을 주관적이라는 이유로 폄훼하거나 무시하는 건 타당하지 않다. 특히 성폭력 범죄의 경우 절대적 다수의 피해자가 여성이고 가해자가 남성이라는 점은 인정해야 한다. 많은 성폭력 범죄가 집단이나 조직 내의 권력관계에서 발생하므로 당연히 남성도 피해자가 될 수 있다는 점 또한 인식하고 인정해야 한다. 성폭력 범죄에 대한 여성의 일상적 두려움은 물론 남성의 성폭력 피해 가능성 또한 사회적으로 다뤄져야 하는 문제다. 그러려면 적어도 통계로 드러난 사실은 인정하고 어떻게 해야 모두가 안전해질 수 있는지 고민해야 하지 않을까.

변화를 원하다

강남역 살인사건은 젠더 갈등을 폭발시킨 계기가 되었다. 몇 년 전까지만 해도 '젠더(gender) 갈등'은 그리 많이 쓰이는 단어가 아니었다. 그러나 이제는 생소한 단어를 넘어서 한국 사회가 마주한 가장 중요하고 심각한 현안 중 하나가 되었다. 인터넷 사전은 '젠더 갈등'을 '남성과 여성이 사회·문화적으로 처한 입장이나 이해관계 등이 달라 서로 적대시하거나 충돌을 일으키는 일'로 설명하고 있다. 딱히 틀린 설명은 아니다. 다만 '충돌을 일으키는 일'이 아니라 '대립과 충돌이 있는 상황'으로 설명하는 게 맞다. 갈등은 일회성의 사건이 아니라 지속되는 현상이기 때문이다.

영어 사전은 'gender'를 성별, 성, 남녀 등으로 설명하고 있다. 그런데 젠더는 여성다움 또는 남성다움이 여성과 남성 간의 생물학적 차이에서 비롯된 것이 아니라 사회적, 문화적으로 만들어진다는 점을 강조하는 용어다. 생물학적 차이를 가지고 태어나지만 성별에 따라 다른 방식으로 양육되고 성장하면서, 그리고 부모나 주변 인물들과의 관계를 통해 사회화 과정을 거치면서 여성다움이나 남성다움으로 일컬어지는 성역할 규범을 배우고 내면화하게 된다는 점이 강조된 개념이다.[*] 젠더 갈등은 이런 과정을 거쳐 형성된 성역할에 대한 다른 이해 때문에 발생한다.

---

[*] 이민아, 『여자라서 우울하다고?』, 개마고원, 2021, 76~77쪽.

젠더 갈등은 여성의 사회적 지위, 가정과 사회에서의 역할, 삶의 필요 등에 대한 여성들의 주장과 담론을 남성들이 인정하지 않거나 적극적으로 거부함으로써 발생한다. 이것은 젠더 갈등이 당사자들이 각자의 이익을 추구함으로써 발생하는 다른 갈등과는 다름을 보여준다. 갈등을 야기하고 지속시키는 핵심 문제는 여성의 이익과 필요를 충족시킬 것이냐, 아니면 억압할 것이냐. 다시 말해 기존의 가정 및 사회 질서와 삶의 방식을 유지할 것이냐, 아니면 여성의 이익과 필요를 적극적으로 반영한 새로운 사회 질서와 삶의 방식을 만들 것이냐. 그러므로 젠더 갈등에서 대립을 만드는 건 현 상황의 유지냐, 또는 변화냐를 둘러싼 남성과 여성의 다른 견해와 주장이다. 많은 남성이 그런 변화가 남성의 이익을 빼앗고 사회적 지위를 약화시킬 것이라 생각하고, 그래서 여성들의 주장과 요구를 거부하고 정면 대결을 택한다. 거기에는 남성의 권리와 영향력이 지속적으로 줄어들 것에 대한 두려움도 있다.

젠더 갈등은 평소에는 잠재적 대립으로 존재하지만 강남역 살인사건 같은 특별한 사회적 문제를 계기로 밖으로 표출되곤 한다. 특정 문제가 생겼을 때 젠더 갈등이 비교적 짧은 시간에 악화되는 이유는 평소의 잠재적 대립이 밖으로 드러나지 않을 뿐 심각한 상태로 유지되기 때문이다. 터지기 일보 직전의 풍선처럼 대립의 에너지가 항상 꽉 차 있는 것이다. 그런 에너지가 만들어지는 이유 중 하나는 여성들이 일상에서 가부장적이고 성차별적인 남성들로부터 무시를 당하고 존재를 부인당하고 부당한 대우를 받는다고 생각하기 때문이다. 남성들은 그것이 단지 일부 과도하게 민감한 여성들이 제기하는 문제일 뿐이라고 주장한다. 그러나 문제의 핵심은 남성들이 문제가 되지 않는다고 생각하는 그런 일을 이제는 많은 여성이 불쾌하게 생각하고 나아가 공격으로 느낀다는 점이다. 그리고 그것이 특정 문제가 생겼을 때 폭발하는 젠더 갈등의 근본적인 원인이 되곤 한다는 점이다. 그런데 가부장적이고 성차별적인 시각으로 여성을 대하는 태도와 행동은 단순히 '민감한' 여성들의 문제로 치부되지 않는다. 그것은 이제 '미세공격'의 하나로 정의되고 있다.

미세공격은 의도의 유무와 상관없이 상대방에게 해를 입히는 언어적, 비언어적인 개인 사이 교류로 인해 생긴다. 짧은 시간 안에, 그러나 흔히 일어나는 이 공격은 상대방에게 적대감, 경멸, 반감 등을 전달한다. 그런데 흔히 가해자는 자신이 상대를 비하하는 행동을 하고 있음을 의식하지 못할 때가 많다. 그러므로 피해를 입은 쪽이 어떻게 지각하는지가 중요하고 그에 따라 미세공격이 있었는지가 판단된다. 미세공격 개념이 처음 등장한 1970년대에는 인종차별 미세공격에 초점이 맞춰졌지만 이제는 성차별, 계급 차별, 장애인 차별 등 다양한 형태의 미세공격이 다뤄지고 있다. 성차별과 관련된 미세공격은 여성이 능력을 평가절하하거나, 여성을 성적 대상으로 취급하거나, 여성의 성취를 무시하는 등의 형태로 나타난다. 여성의 외모를 강조하거나 여성을 약하고 의존적이고 도움을 필요로 하는 존재로 취급하는 태도와 언어 또한 여성에게 모욕과 불쾌감을 주는 미세공격으로 정의된다.* 그런 태도를 드러내고 말한 남성에게는(때로 여성일 수도 있지만) 악의가 없었을 수 있다. 그러나 상대인 여성은 불쾌감을 느끼고 때로 모멸감과 적대감까지 느낄 수 있다.

일상에서 여성들이 겪는 미세공격 사례는 아주 많다. '여자가…' 또는 '여자는…'으로 시작되는 말들은 대부분 미세공격 사례가 될 수 있다. 그런 말을 듣는 대다수 여성은 불쾌함을 느끼고 반감이 인다. 여성에게 회사일보다 집안일에 충실할 것을 요구하는 것, 회사에서 힘들게 승진하려고 하지 말고 좋은 사람과 결혼하라고 얘기하는 것, 전업주부를 가정경제에 아무런 기여를 하지 않은 사람 취급하는 것, 여자 알바생이나 회사 동료에게 화장할 것을 요구하는 것, 여성에게 힘들다며 특정 업무를 주지 않는 것, 보호해주겠다며 허락 없이 신체 접촉을 하는 것 등등 사례는 무수하다. 50년 전 또는 30년 전 여성이라면

---

* 데럴드 윙 수·리사 베스 스패니어만, 『미세공격 : 삶을 무너뜨리는 일상의 편견과 차별』, 김보영 옮김, 다봄교육, 2022, 31쪽, 43~45쪽.

일상에서 여성들이 겪는 미세공격 사례는 아주 많다. '여자가…' 또는 '여자는…'으로 시작되는 말들은 대부분 미세공격 사례가 될 수 있다. 그런 말을 듣는 대다수 여성은 불쾌함을 느끼고 반감이 인다.

남성들의 그런 태도, 행동, 말을 당연하게 받아들이고 나아가 배려와 감사를 느꼈을 수도 있다. 그러나 이제 대다수 여성은 남성들의 그런 태도, 행동, 말을 여성을 오해하고 나아가 여성의 존재와 능력을 무시하고 부인하는 것으로 이해한다. 그리고 변화를 원하는 많은 여성은 이를 명백한 미세공격으로 받아들인다. 미세공격을 가한 남성들은 좋은 의도로 한 자신의 행동과 말을 공격으로 취급하는 것에 억울함을 느낄 수도 있다. 그러나 앞서 말한 것처럼 미세공격은 피해를 입은 쪽이 인지하였는지가 기준이 된다.

성차별 미세공격 담론은 남성을 공격하려는 것도 아니고 모든 남성을 미세공격을 가하는 사람으로 취급하기 위한 것도 아니다. 다만 여성들이 원하지 않는 것이 무엇인지, 그리고 여성들이 원하는 변화가 무엇인지를 많은 남성이 알 필요가 있음을 얘기하는 것이다. 미세공격은 표면적 대립으로 드러나는 젠더 갈등의 진원지에 자리를 잡고 있다. 여성이 원하는 변화를 둘러싸고 생기는 젠더 갈등을 이해하고 해결 방법을 모색하기 위해서는 먼저 여성이 원하거나 원하지 않는 것에 대한 이해가 있어야 한다. 설령 여성이 원하는 변화를 지지하지 않고, 그런 변화에 반대하더라도 말이다.

젠더 갈등은
왜 악화되나

젠더 갈등을 가장 민감하게 느끼는 건 20~30대 청년층이다. 2023년 5월에 여성가족부와 한국은행이 공동으로 연구한 「청년층 젠더 갈등의 경제적 요인 분석」 보고서에 따르면 2030세대 가운데 특히 군 입대를 앞둔 남성, 그리고 대학생 등 학업 상태인 여성의 젠더 갈등 인식이 가장 높았다. 연구진은 2030세대 남녀 8500명을 대상으로 조사를 했고 젠더 갈등 인식이 심한 경우를 1로, 반대의 경우를 0으로 값을 부여해 수치화했다. 그 결과 남성의 인식 수치는 0.39였고, 여성의 수치는 0.82로 나타났다. 여성의 젠더 갈등 인식은 남성의 두 배 이상 높았고 20대가 젠더 갈등에 더 민감했다. 남성과 여성 전체 20대의 젠더 갈등 인식 수치는 0.68이었고, 30대의 수치는 0.5였다. 흥미로운 점 중 하나는 젠더 갈등 인식 수준과 향후 자녀 출산 의향의 관계를 분석한 결과다. 남성의 경우에는 젠더 갈등 인식이 출산 의향에 영향을 미치지 않았지만 여성의 경우에는 부정적인 영향을 미치는 것으로 나타났다. 이는 많은 여성이 사회 환경과 성평등이 자녀를 낳아 기를 수 있을 만큼 좋은 수준이 아니라고 인식하고 있음을 보여준다. 성평등 수준에 대한 질문에 대해서도 남성과 여성은 차이를 보였다. 여러 답변 중에 여성의 경우 '현재 우리 사회가 여성에게 더 불평등하고 향후 5년 후에도 그럴 것'이라고 응답한 비율이 38.1퍼센트로 가장 많았다. 남성은 '현재도 양성 평등하고 5년 후에도 그럴 것'이라고 응답한 비율이 24.8퍼센트로 가장 높았다. 긍정적인 수치도 있다. 2016년과 2021년 15세 이상 국민을 대상으로 한 성평등 실태 조사 결과를 보면 2016년에는 매우 평등하다는 비율이 22.1퍼센트였는데 2021년에는 35.3퍼센트로 높아졌다.

다른 연령층도 마찬가지지만 젠더 갈등에 가장 민감하고 때로 젠더 갈등의 중심에 서기도 하는 청년층의 생각은 다양하다. 남성 중에는 남성이 불평등을 겪고 있다고 생각하는 사람도 있고, 반대로 여성이 불평등을 겪고 있다고 생각하는 사람도 있다. 여성 중에도 여성이 불평등을 겪고 있다고 생각하는 사람이 있는가 하면 남성이 그렇다고 생각하는 사람이 있다. 전체적으로는 여성이 불평등한 대우를 받고 있다고 생각하는 비율이 남성, 여성 가리지 않고 높지만 그렇게 생각하지 않는 사람들 또한 많다는 얘기다. 특히 남성들은 초·중·고등학교 동안 가정에서든 학교에서든 여성이 불평등한 대우를 받는 것을 보지 못했기 때문에 성평등이 이뤄졌다고 생각한다. 또한 남성에게만 군 복무 의무가 지워지기 때문에 남성이 더 불평등을 겪고 있다고 생각한다. 반면 여성들은 사회생활을 시작하면서 가정과 학교에서는 경험하지 못했던 불평등을 경험하고, 조직과 사회가 여성을 불평등하게 대우한다고 생각한다. 또한 결혼 후에는 부부 사이, 시댁과의 관계, 육아 등에서 불평등을 경험한다. 불평등의 경험과 인식은 주관적이지만 주관적인 것들이 모이면 객관적 데이터가 된다.

성차별과 관련된 여러 객관적인 데이터도 존재한다. 예를 들어 한국은 OECD 국가 중 남녀 고용 격차가 크고 임금 격차는 가장 큰 국가다. 2023년 6월 OECD가 발표한 「2023년 경제 전망 보고서」에 따르면 2021년 기준 한국의 15~64세 성별 고용률 차이는 17.5퍼센트였다. OECD 회원국 평균은 14.7퍼센트였다. 물론 여성 고용률이 더 낮다는 얘기다. 한국의 성별 임금 격차는 31.1퍼센트로 OECD 평균인 11.9퍼센트보다 2.6배 정도 높았다. 물론 여성의 임금이 남성의 것보다 수치만큼 적다는 얘기다. 한국은 1996년 OECD 가입 이래 27년째 남녀 임금 격차 1위를 유지하고 있다.

주관적 경험과 객관적 데이터 모두 중요하다. 주관적 경험만 강조하면 객관성을 잃을 수 있고, 객관적 데이터만 강조하면 개인의 중요한 경험을 간과할 수 있다. 젠더 갈등은 한쪽의 경험, 또는 한 가지 데이터만 강조할 때 악화될 수 있다. 그러니 젠더 갈등을 이해하고 완화하기 위해서는 다양한 남성과 여성의 주관적 인식 및 경험, 그리고 객관적 수치와 데이터 등을 찾아보고 토론할 수밖에 없다. 젠더 갈등은 피할 수 없는 개인적,

사회적 문제이고 완화하고 해결할 여러 가지 방법을 사회 전체가 함께 고민할 수밖에 없다.

여성과 남성의 사회화 과정과 결과, 사회·문화적으로 처한 입장, 일반적인 성역할 등과 관련해 다른 이해와 주장이 존재할 수 있다. 개인 또는 집단의 인식이 주관적으로 볼 때, 또는 보편적인 윤리나 인권의 잣대로 볼 때도 타당하지 않고 나아가 올바르지 않을 수도 있다. 그렇다 할지라도 누구도 타인의 인식이나 주장을 강제적으로 교정하거나 억제할 수 없다. 그렇게 평행선을 달리는 인식과 주장이 개인 및 집단의 여성과 남성 사이에 젠더 갈등을 야기하는 원인이다. 그런데 여기서 주목할 건 '갈등'이다. 갈등은 인간 사회에서 발생하는 보편적인 현상이다. 갈등의 존재 자체가 반드시 상황이 심각하다거나 사회가 위기에 직면했음을 의미하는 건 아니다. 심각성이나 위기 직면 여부는 갈등 자체가 아닌 갈등이 전개되고 각자의 입장과 이익을 주장하는 당사자들 사이 상호작용과 질을 통해 판단할 수 있다. 젠더 갈등도 마찬가지다. 젠더 갈등은 보통 부정적 의미를 가진 단어로 인식되지만 사회 발전 과정에서 불가피하게 발생하는 것이고 어떻게 전개되느냐에 따라 위기 상황을 만들지 않을 수도 있다. 당사자들이, 그리고 사회가 현명하게 대응하고 다룰 방법을 고민한다면 말이다.

젠더 갈등의 핵심 문제인 여성의 사회적 지위와 역할의 변화, 필요 충족 등에 대해 남성이든 여성이든 여러 가지 이유로 그렇게 되면 남성의 이익과 필요가 충족되지 않는다며 반대할 수 있다. 반대로 이제는 여성의 이익과 필요가 반드시 충족되어야 한다고 강력하게 주장할 수 있다. 객관적이고 냉정하게 보면 반드시 한쪽이 이익을 보고 다른 쪽은 불이익을 당하는 결과를 가져오는 것이 아님에도 말이다. 그런데 이렇게 상반되는 견해와 주장은 오히려 자연스럽고 모든 갈등에서도 흔히 나타난다. 그런데 젠더 갈등에서 자주 드러나고 사회적으로 문제가 되는 점은 다른 견해와 주장의 표출이 아닌 상호 공격이 갈등의 초점이 되고, 때로 공격이 궁극적 목표가 되곤 한다는 점이다. 어떻게 현안을 다루고 상호 이익을 모색할지보다 어떻게 상대를 공격하고 승리할지가 가장 중요하게 여겨지곤 한다. 그 결과 갈등 현안에 대한 초점은 흐려지고 갈등은 악화된다. 이런 갈등 전개를 통해 우리가 얻는 이익은 무엇일까? 이런 의문을 가지지 않을 수 없다.

젠더 갈등은 이제 누구도 부인할 수 없는 사회 현상 중 하나가 됐다. 젠더 갈등의 특징 중 하나는 지속성이고, 그로 인해 해결이 거의 불가능해 보인다는 점이다. 변화를 원하는 여성의 입장, 변화를 거부하거나 변화가 필요하지 않다는 남성의 입장이 완전히 변할 가능성은 없기 때문에 젠더 갈등은 계속될 것이다. 그렇다면 젠더 갈등은 계속 사회적 혼란과 남녀 대결을 야기할까? 그럴 수도, 아닐 수도 있다. 갈등의 지속이 꼭 부정적인 일만 만드는 건 아니니 말이다. 전체 사회가 남성의 입장을 지지하는 쪽과 여성의 입장을 지지하는 쪽으로 나뉘어 상대에 대한 공격에만 초점을 맞춘다면 혼란과 대결만 있을 것이다. 그렇지 않고 남성과 여성이 주관적 경험을 나누고 객관적 정보를 공유하는 자리가 많이 만들어진다면 그렇게 되지는 않을 것이다. 젠더 갈등을 통해 성차별과 젠더 문제에 대한 남성과 여성의 이해가 다름을 확인하고 상호 인정하면서 주장과 입장의 간극을 메울 다양한 견해와 정보를 꾸준히 나눈다면 말이다. 남성과 여성의 상호작용을 개선하고 새로운 관계를 만드는 기회가 생길 것이다.